日野晃

武道語録
人生の達人になる！

言葉が身体を変える。
言葉が生き方を変える。

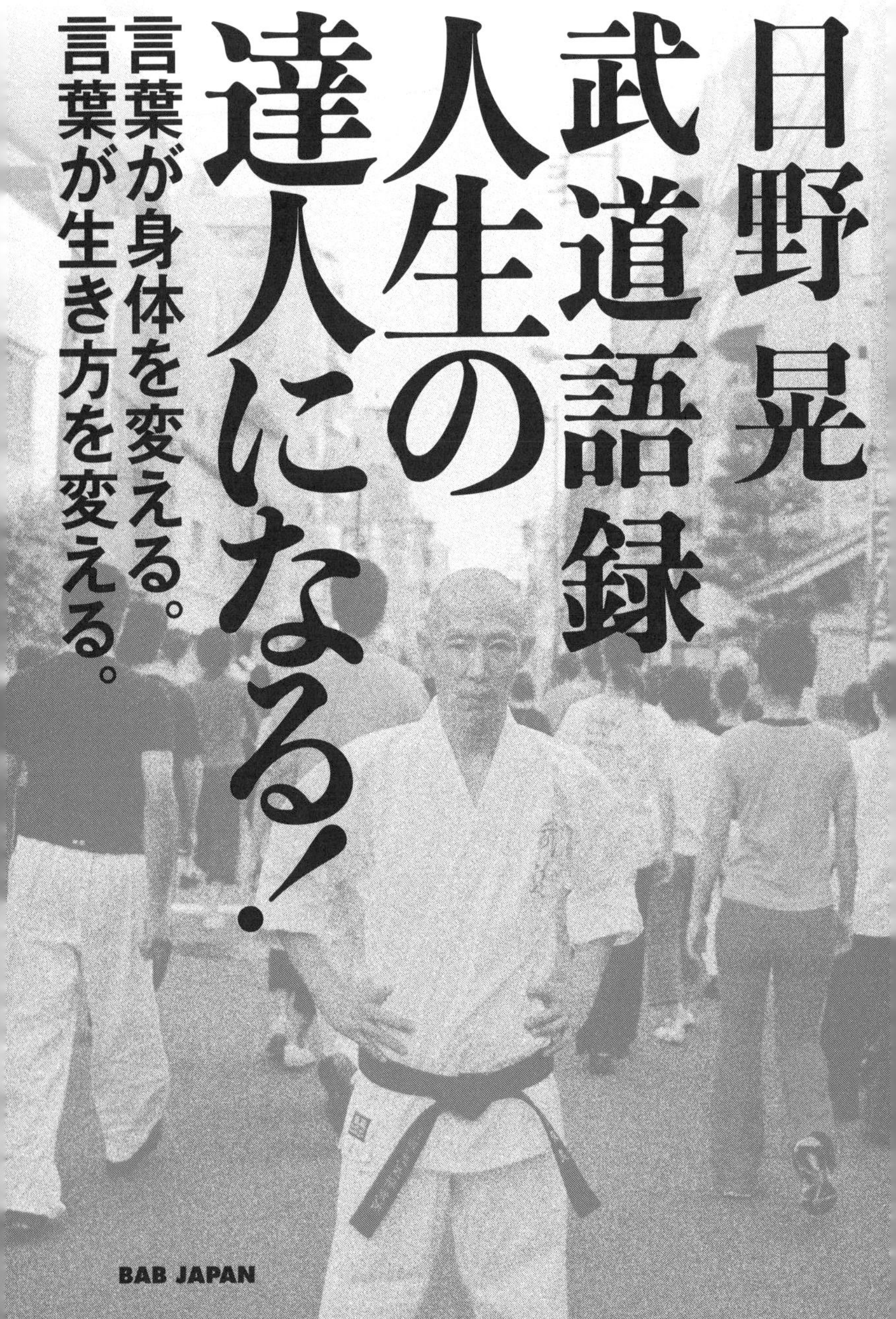

BAB JAPAN

備前国住長船清光
武道
武道
武道

はじめに

17年に渡って書き続けてきたエッセーが、一つのまとまりとして切り取り「本」になった。本になってみると、まるでこの「本」の為に書かれたような印象を受けた。

それは、まるで人生ではないかと思った。

中学生の頃器械体操に熱中し、オリンピックの強化選手になった。水商売の世界に入り10代で店を出したが飽きて、ジャズドラマーを職業とした。ドラムのパワー付けようと、武道をかじり気が付けば、その世界にドップリ浸かっている。その間に、カレー屋やジャズ喫茶、音楽スタジオを経営した。そして100坪六角形の道場まで手作りした。

それぞれのその時は、まるで関連の無い時間を生きているかのように思っていたが、この年齢になると、それぞれが見事に整合性を持ち関連していると気付く。

そんな感じだ。

それを誘導したのは、もちろん私の感性だが、その感性に火を付けてくれたのは「本」でありその中にあった「言葉」だ。学校の勉強というものに全く興味を持たなかった私が、「言葉」に拘るとは夢にも思わなかった。

武道の本で出会って言葉を頼りに、身体を探索した。しかし、身体からは昔日の達人名人達には届かないと気付いた。それは、武道は「人との関係」においてのみ成立するからである。「水月移写」「枕をおさえる」これらはその関係を現す言葉だ。そして、その時の心理状態や意識の状態を指している。宮本武蔵が記した『五輪書』は、もちろん、愛読書でもあり、50年は読み返している。同様に「剣と禅　大森曹玄著」も50年になるか。

よくよく考えれば、その50年間も同じ事を言い続けてくれる人は存在しない。親でも面倒だから言わなくなるだろう。武道の師だとしても同じだ。

本やそこにある言葉とは、そういう事だ。

つまり、私にとっての先生は「本」でありそこにある「言葉」なのだ。

私の本を手に取ってくれた読者の方々、ここに散りばめられている言葉は、間違いなく私自身の生である。もしかしたらみなさんの人生の一助になれるかもしれない。私はそうである事を願ってこのエッセー集を上梓した。

２０２４年４月

武道家　日野　晃

※本書は、2007年より『月刊秘伝』誌に掲載された連載「武道者徒歩記」より編纂・構成したものです。

第1章

身体の奥義

1 加齢とともに肉体は衰えても、進化するものもある。

進化

今年満60歳（本稿掲載2008年時）。還暦である。それを偉そうに言っても自慢にもならない。何しろ団塊世代は全部還暦だからだ。その還暦を祝って、ドラムソロのコンサートをしようと決めた。ドラムはある意味で肉体労働である。もちろん、身体から湧き上がるイメージを「音楽」として即興的に創り上げるのだから、感性労働でもある。しかし、20代の時でさえ、一回コンサートが終わると、椅子から立ち上がれなくなるほど疲れ果てた。スネアドラムに自分の汗が滴り落ち、スティックのタッチで水滴が跳ね上がるくらい叩く。身体中の筋肉がパンパンに張り、スネアを持つことさえ辛く感じたこともあった。

大学祭のシーズンになりコンサートが何日も続くと、本当に精も根も尽き果てたものだ。それの進化系をやってみる、というのが、今回の還暦コンサートだ。

何故進化系であって、懐古的ではないのか。スティックを置いて25年になる。にも関わらず進化系と私は言う。

人は、年齢と共に衰えると思っている。確かに衰えるところはある。視力が落ちている。これは確かに老化だ。白髪が増えている。これも老化だ。歯も耳も骨も丈夫ではない。これも老化だ。筋力も弱くなっている。もちろん老化だ。物忘れも増えた。これも老化だ。と書き出すと、身体は衰えていると具体的に分かる。しかし、これは全て「肉体」というものの持つ寿命の話だ。

ただ私は「人」であって、肉体ではない。それは、時間の積み重ね、体験の積み重ねにより、進化していくものを持っているということである。確かに聴覚は鈍くなっている。しかし、良い音楽を聞き分ける耳は成長している。人の言葉と実体との溝を聞き分ける耳は成長している。目も老眼だ。しかし、観察力や洞察力は成長している。滑舌も悪くなっている。しかし、的確な言葉を口に出せるようになっている。物忘れが多い。しかし、何を考えて、何を考えなくてよいか、きちんと区別できるようになっている。筋力は衰えている。しかし、若いダンサーよりはよく動ける。少なくとも、武道に関しては25年前よりは、身体は動くし疲れない。果たしてこれを衰えている、というのだろうか。

閃きを生むもの

では何が進化したのか。それは「感性」である。また、体験から紡ぎ出した身体を操る技術だ。早い話が、身体の感覚や感受性がよくなり、身体を使う技術が年月と共に進化している、鋭くなっているということである。進化した感性は、そういう具合に身体を誘導してくれるのだ。

それでは感性はどう鍛えるのか。しかし、自分を振り返ったとき、その為の特別な稽古をした記憶は無い。そこが大切なところだ。つまり、特別に何かをしているのではなく、日常的に何を考え何に注意し何をしているか、その蓄積が、ということだ。もう少し結果論的に言えば「閃き」の回数が、質を上げた閃きを導き出し、結果として感性を鍛えていた、ということになる。その閃きは、問題を抱えなければ起こらない。問題は自分自身が目的や目標を決めていなければ、目の前には現れない。もちろん、目的や目標を持っていたところで、それに対して具体的行動を起こしていなければ、問題には気が付かない。具体的行動、つまり稽古の量の少ない人は、頭が単独で妄想を生み出し、それを問題だと勘違いする。つまり、現時点での自分の実力から、遠くかけ離れたことや、出来もしないことを問題だと思ってしまうのだ。

自分勝手に思い込んだり、曖昧な気持ちに振り回されたり、必要の無い情報に翻弄されるということだ。頭はそれ程扱いにくい代物だ。だから、それを起こさせないようにする為に、具体的で尚且つ、最終目的に合致した稽古の内容と量が必要なのである。それが自分自身のオリジナルな閃きを生み出してくれるからだ。

失敗の真価

最終目的に合致した稽古の内容は、初めからあるのかと言えばそうではない。そんなものはどこにもない。自分の工夫でやっていくしかないし、自分の工夫だからこそ、その過程や過程の中で起こる問題が見えるのだ。少なくとも、この時間を人生の中で持たなければ駄目だ。それを持っているから、他人の理論や、やっていることを理解する為の能力ができるのであり、それ等を利用することが出来るのである。

自分の工夫で稽古を考えていく、というのは、自分にとって未知の領域だ。ということは、そこには限りない失敗が待っているということでもある。それを体験していくから、乗り越えていくから「失敗することを間違っていると思う」「間違っていることをするのは間違い」という、絵に描いたような、子供のような考え方にはならないのだ。「失敗とは自分の実力を知ること」そして、「失敗とは、単純に自分の立てた仮説の間違い」だと身をもって分かるのだ。つまり、失敗を通して自分が成長していくという事、過程がなければ何も生まれない、という人類普遍の過程を身をもって知るということである。それはいみじくも「強い精神」「物事の本質」を見極められるようになる、ということになるのだ。

失敗を必要以上に恐れる若い人が増えている。もちろん、それは若い人に限らないのだろう。しかし、よく考えて欲しい。失敗とは目的が明確だからあるものであって、その目的が明確ではないのに「失敗などない」ということ。間違いは、正解があるから間違いであり、その正解のレベルが高ければ高いほど、間違いは山積みされ、それが後々閃きを生む元になるということ。

そして何よりも「失敗すれば人生が終わるのではない」ということ。それは、その時の自分の考え方や実力が低かった、ということであり、だから、それを失敗することで引き上げていけばよい、という本当のことをしっかり身体に叩き込み、新しい年を切り開いていって欲しい。

私は子供の頃から、同じ道を通るのが嫌いだった。人と同じ事をするのも嫌いだった。違う道を通る時、今までに無い風景に出会う。あるいは全く知らない人に出会う。その時にワクワクしドキドキした。そうなる自分が大好きだ。

年をとってくると、そのワクワク、ドキドキ感が少なくなる。しかし、それは鈍ったという事ではない。体験の蓄積が、一寸やそっとのことではワクワクを許さないのだ。まるで身体内麻薬を持っているようなものだ。

「人という生物は、年月と共に鋭く美しくなる」

20年前のコピーだ。それをドラムソロで実践してやる。

2 取り組み方を間違えると、絶対にできないことがある。

高い〝能力〟

先日京都で行ったワークショップで、考えさせられることがあった。「身体能力」と一括りにしている〝能力〟のことだ。その能力の正体は一体何だ？

まだ20代前半の青年で、それこそ恐ろしく身体能力が高い、様に見える。身体も非常に柔らかい、ようだ。床に両手を付いたと思うと、スーと倒立になる。その倒立から微動だにせず、胡坐を組む。そのバランスを少しずらし、片手倒立になり、その片手でジャンプをするのだ。どう見ていても、身体能力は高い、としか思えない。ヒップホップを踊るという。

床に両手を付き倒立に移るのも、足で床を蹴ったり反動は付けない。しかし、体操競技の倒立ではない。身体に付く筋肉も、体操や筋トレで培ったものではない。どちらかと言えば腕も細いし、筋肉的に動かしている痕跡が身体にはない。ということは、身体の使い方が上手なのだ、と見える。

軸をブレさせずにバレエのターンをしたり、跳躍系の動きをしたりで、50人程の受講者の目を楽しませていた。もちろん、私も彼の動きに目を見張った。しかし、面白いことに彼の動きを数分見ると、飽きてしまうのだ。それは、受講者のほとんどが同じで、時間と共に彼に注目しなくなっていった。どうして？　ワークショップが1日、2日と経つと、誰も彼の挙動に興味を持たなくなっていった。逆に、時間と共に彼と仲良くなっていったのは、彼と同じ年齢くらいの青年一人だった。二人で、はしゃぎ笑い、盛り上がっていた。

目的と実現

身体能力が高い、と思ったことは、間違いではない。しかし、ワークショップ中、恐ろしいどんでん返しが一コマ一コマで起こっていった。

私のワークショップは、大方は「ねじれの連動」か「胸骨操作」か「縦系の連動」から入る。京都では、

「胸骨操作」から入った。これは、胸骨のある一点を感知しなければならない。だから、入口がかなり難しい。胸骨を動かせば良いのではなく、胸骨の一点を感知するということが目的だからだ。その意味で、先ほどの身体能力の高い青年が出来なくても当たり前だ。一コマ目が終わり、二コマ目に入り「ねじれの連動」に入った。これなど、外から見た動きでいえば、ブレイクダンス等で見られるウェーブのようなものだ。その意味で言えば、青年にとっては得意分野だろうと思った。

二人で組んでの稽古を見ていると、全く意味が分かっていなかった。出来ないのだ。肩、肘、手首、という順に感知していくのだが、感知しようとしている気配が無い。私が彼の腕を持ち、実際に動かして指導した。

「分かった?」

彼は頷いて動かす。

「違う」

えっ、という表情になり、やり直す。

「違う」

えっ。これの繰り返しだ。彼は何をしていたのか、と言うと、腕を動かしていたのだ。肩、肘、手首と感知しようとしていたのではなく、腕を動かしていただけなのだ。

ワークショップは、下は小学生から、上は65歳くらいの人まで参加している。小学生が受講しても良い条件は、スポーツなりダンスなりを学んでいなければならない。でないと、理解できないからだ。習ったことを活かす、という目的や場がなければ、私のワークは難し過ぎるのだ。それ以上の年齢の人には、条件を付けていない。参加する人には目的がある、と信じたいからだ。

今回は、10歳の少女がいた。その少女は感知しようと動かしていた。また、60歳代のお父さんも、感知しようと動かしている。もちろん、三者とも出来ない。出来ないという点では同じだが、中身が全く違う。少女はクラシックバレエを習っている。その先生も受講しているし、私のメソッドを使ってくれているから、今回受講したのだ。少女はきっと、何週間で第一ステップはクリアするだろう。お父さんの方も、1か月もすればクリアする事が見える。しかし、ヒップホップの彼は、1年経っても出来ないだろうと予測できる。それらは、それぞれの取り組み方を見ていたら、自ずと見えてくる。取り組み方を間違えれば、絶対に出来ないことがある、ということだ。

という中で「身体能力」というのは、一体どういう能力なのか、という疑問が湧いたのだ。床に足を投げ出して座り、骨盤で床にかかる体重を感じ、それを腰椎、背骨、頸椎と順に辿る。身体の背面を感知する稽古と、背面を連動させる稽古だ。それをいち早くものにしたのは、少女だった。

もちろん、完全ではなく表面だけだが、その表面が大事なのだ。皆に「彼女のやっていることを見てください」と指示。皆、彼女の周りに集まり、熱心に見る。「あなたは、何を見ましたか」と質問すると、「背骨の動き」「骨盤」等々の答えが出た。

「そう見るから出来ないのですよ」と注意。まずは全体の印象を捉えなければいけない。そして、何となく出来たら、そこから背骨であったり、骨盤であったり、と個別の部位に移るのだ。つまり、取り組み方を間違ったら、絶対に出来ないことがある、という実際だ。

(YouTubeに動画をアップしているので、違いを参考に。)

http://www.youtube.com/watch?v=3mNIWCHBagY　＝小学生、

http://www.youtube.com/watch?v=f_nNwAfgXI4&feature=related　＝ヒップホップの彼

さて、もう一つ身体能力と表現という問題もあった。ヒップホップの彼に、体操競技の運動と、ダンスの運動、サーカスの運動の違いは分かりますか、と質問した。彼は「?」だった。違いが分からなければ、それを表現することが出来ない。

彼はヒップホップのダンサーかもしれないが、それを最初は皆興味を持った目で見ていたが、直ぐに飽きられてしまった。それは、どうしてか、というと、自分が楽しく、自分が気持ち良いというレベルから一歩も外に出ていなかったからだ。つまり、自分のやっていることを、誰に見せるのか、誰に見てもらうのか、という、対象の人を持っていない、ということなのだ。「自分的」という言葉そのものなのだ。

全ては、他人との関わりの中でしか成立しない、という根本原則が育っていなかったということである。

3 身体や武道は、分析不可能な事で出来上がっている。

体に言葉

武道での稽古は、身体を操作する事と、身体を操作しないという操作をする事。大きく分けるとこの二つがあり、それが混在している。それは、稽古としては分ける事ができるが、実際としては分ける事は出来ない。それは、あらゆる表現形式にも当てはまる。ダンスも芝居も、という事だ。

先日、世界のトップカンパニーの一つである、ＮＤＴのダンサーが東京教室に受講しに来ていた。何か身体的な事を指摘すると、例えば、僧帽筋が○○、とか、広背筋が△△と自分で説明する。もちろんそれはある部分正しい。しかし、実際にはそうではない。たとえその部分の事であっても、それだけが指摘したものではないからだ。つまり、身体や武道に関しては、分析可能な言葉だけで出来上がっているのではないという事だ。むしろ、分析不可能なもの、言葉化不可能な事で出来上がっていると言っても過言ではない。

しかし人は〝僧帽筋を○○〟と言えば分かった気になり安心する。どうして頭を満足させるだけで安心出来るのか私には分からない。出来なければ意味が無い、というのが、私だからだ。どうも身体を動かす大方の人は、身体をではなく、実は頭を満足させれば嬉しいようだ。そうなると、身体を操作しないで行う事が、全く理解不能になる。例えば、相手を「感じる」という事が良い例だ。本当に感じている人もいるだろうが、大方は「感じている」と「思っている」だけだ。それも頭を喜ばせているだけなのだが。

身体部位を熟知する、熟知している、というスタイルが発達した原因は、例えば、踊った人、あるいは、何かの作業をした人、アスリートの結果を分析したり、機械で解析したり、その人自身が語ったり、だろう。そこに医学的人体解剖知識が重なったものだ。どうして人は、その人が語った事を信じるのだろう。そして、機械で分析した事をそのまま鵜呑みにするのか。もちろん、語っている人が嘘を言っている、というのではない。

それは語っている人の印象であって、本当にそうかどうかは分からない。また、解剖学的に分析してみた所で、分析できた事しか分からない。つまり分析されていない事、語られていない事は分からないという事で、実は何も分からないという事なのだ。しかし人は、語った人の言葉を、自分も知っている言葉だから直ぐに重ね合わせてしまう。それは分析されて出てきた言葉も同様だ。例えば膝を動かしたと語られたとしたら「膝を動かした」という言葉は知っているし、自分のレベルで膝は動かせるから、納得してしまう。そしていつかは出来ると思ってしまう。つまり語った人を理解したのではなく言葉の語呂合わせ的解釈が出来ただけ。何一つ語った人には近づいていない。

人は、どうして他人と同じだと思いたいのか、そこが分からない。ましてや語った人は、何かしらの実力のある人。つまり自分とは全く異なった世界の人なのだ。という事をどうして理解出来ないのだろうか。そこを目指すとしたとき、その実力のある人のどのあたりのレベルが自分かを、探り出す事が重要だ。

もしも、誰かが語った言葉を聞くとすれば、一つの仮説として頭の隅に置いておけば良いのだ。そして、その仮説を検証できる力が付いてきた時に検証し、理解すれば良い。大方はここの作業が欠落しているのだ。

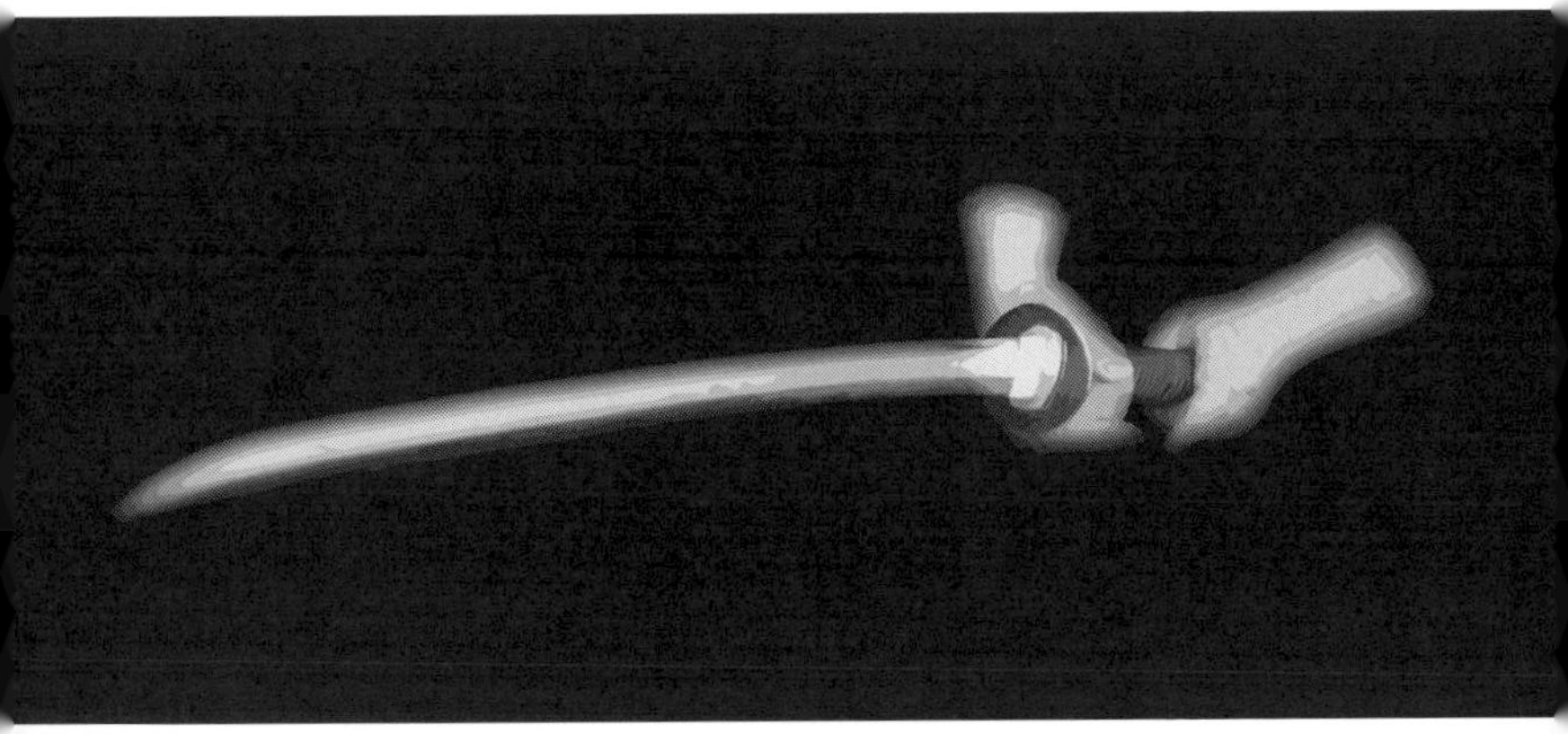

刀に埃

先日ＴＶで、一流アスリートの驚異の感覚という事で、ゴルフの宮里藍選手の話が紹介されていた。自分用に作られたクラブを素振りした時、いつもと違うと指摘した。作った人は、何一つ変えていないのだから、そんな筈は無い、と言った。しかし、宮里選手は違うと言う。作った人が、よくよく考えたらそのクラブのシャフトの部分の塗装を変えていたのだ。つまり、塗装の色だか厚みだか詳しくは話していなかったが、微妙な分量の違いを宮里選手の手や身体は感知していた、という事だ。何よりも、身体が無意識的に感知していたとしても、意識に引き上がってくるのは容易ではない。そこの経路が明確に開発されているのが驚異であり、一流アスリートの証でもあるのだ。

かなり以前に、親しくさせて頂いていた合気道の達人がいた。今はお亡くなりになられたのだが、その方は刀鍛冶だった。月に一度か数度、刀鍛冶の師の元に行き、色々と勉強されていた。ある時、一振りの刀が打ち上がったから、と連絡があった。見事な出来栄えの刀だったそうだ。しかし、その時刀をしげしげと見つめていた師が、「バランスが違う」といきなり呟いた。師から刀を受け取り手にしたが、それを感じ取れなかった。師に返すと、師は刀の隅々まで見ていて「そうか、これか」と言って、切っ先に付いていた僅かな埃を払った。そして「うん、これでいい」と言ったそうだ。

その話を聞かせて貰った時、そこまで人の感覚は鋭くなるものかと驚くと共に、そうでなければいけないのだろうと思った。それはエベレストに登るよりも難しい作業なのでは、と思ったものだ。

その話があったから、宮里選手のシャフトの違いに気付いた感覚は、理解出来る。もちろん、理解出来る事と私に感じる力が有るか無いかは別だが。

こういった、感覚の世界の話は、果たして分析的解剖学ではどう解明し、どう実現して行くのか、また行けるのか、だ。武道というものは、どちらかと言うとこの感覚の世界だ。この身体能力が必要なのだ。むろん、ダンスも同じだ。しかし、世の風潮は、分析型に向かいどんどん逆方向に進んでいる。

4 そうは簡単に、人に〝ふれる〟ことなど出来ない。

〝ふれる〟

何かに「ふれる」。例えば、誰かの身体にふれる。置物にふれる。道具にふれる。コップにふれる。地面にふれている。風に、雨に、空気に、他……。私たちの日常は、とにかく何かにふれるということを基本に生きていると言っても過言ではない。だから、ワークショップや教室で「相手の手首を握ってください」というと、何の躊躇も無くその行為をするし、出来ていると信じて疑わない。もちろん、こちら側、つまり、握る側から、握る側の行為そのものから言えば間違ってはいない。当然出来ている。

しかし、ここで立場を変えてみれば、つまり、握られる側から言えば、「ちょっと待って、強すぎて痛いです。握られているのかどうか、分からなくて何だか気持ち悪いです」等々、様々な言い分が現れる。つまり、握る側の人が「やろう」として「やったこと」が、そのまま相手には伝わっていないということである。あるいは、握られる側が握る目的を理解していないことで、「やられたこと」に対して的確な反応が出来ないことも、伝わらない原因になる。

身体でのコミュニケーションという言葉があり、巷のあちこちにそんなワークショップやセミナーがあるが、肝心のコミュニケーションとしての身体の接点である「ふれる」という中に潜む様々な問題を、表面化させてはいない。

一番根本的な問題は、人は無意識的に違和感を持つ、無意識的に違和感を感知する動物だと捉えていないところだ。それは、親子であれ、兄弟同士であれ、恋人、夫婦他、全ての人同士であり、そこに例外は無い。それは人も動物だ、という証でもある。つまり、自分自身のテリトリーがあり、それを犯すものに対して、無意識的に反応している生理的なこと、ということだ。

むろん無意識的なことだから、余程身体に気を付けていなければ分からない。しかし、身体に気を付けていなければ分からないというのもおかしな話なのだ。当たり前のことだが、自分そのものは身体そのものであって、それ以外の何ものでもないからだ。しかし、現代ではそれらは「言葉」という道具に価値を与えすぎ、頭が理解、頭が納得するということで満足してしまっている。身体

TAPIS

に起こっている反応に目を向けなくなってしまっている。頭など身体の一部に過ぎないのだが。

〝ふれられる〟不快

かなり以前に、ある公の身体に関する学会のシンポジウムに参加した。その中で実習と称して様々な身体ワークが行われた。その時に隣の人にふれるというのがあった。私は隣の人からふれられ、私も隣の人にふれる、というものだ。その後、「どんな感じでしたか」という問いかけが行われ、それぞれが肯定的な、つまり、触った人に対して当たり障りの無いコメントをしていた。私は「気持ち悪かったです」と言った。何の感情も目的も持たない手に、嫌悪感を覚えたからだ。しかし主催者は、私のコメントを無視し次のワークに進んでいった。

つまり、身体のコミュニケーションの肝である、接点としての「ふれる」ということ、そして、人という生物の特性等を、全く理解せずに身体のコミュニケーションという妄想を展開していたということだ。もっと言えば、この身体のコミュニケーションという言葉をどんな意味で展開しているのかは知らないが、「ふれる」にコミュニケーションの実際である接点があり、そこで起こる様々な心理状態や生理的反応こそが、そのコミュニケーションを成立させる材料だと全く理解していないということである。

それはコミュニケーションとしての「言葉」にも当てはまる。同じ「こんにちは」でも、人によっては非常に気持ちの良いものと、不快極まりないものがある。つまり、「こんにちは」という言葉の意味は、相互に理解しあっているが、そこに起こる反応としての人の心理や生理などまるで重要視していないということだ。

当然、そういった気遣いの無い言葉のやり取りは、お互いの身体にストレスを与え続けているということで、身体や行動に異常が現れても不思議ではない。

これも「頭で理解」しているだけ、言葉を理解しているだけで、実際に身体に起こる様々なことを、何一つ実感されていないことの象徴でもある。

私は武道を探求している。武道での一番の問題は、この人と人との接点だというところに辿り着いた。武道用語として言えば「殺気」であったり、「先の先」あるいは「気配」なる言葉であり、その実際である。どうして、これらが一番の問題かと言えば、それが先ほどの人という生物の働きである〝無意識的に感知したり反応する〟があることだ。

その働きが有るが故に、単なる運動、単なる肉体運動を突き詰めるだけでは、武道にはならない。つまり、自分の持つ技術を相手に適用することが出来ないのだ。自分勝手には何も出来ない。そうは簡単に人に「ふれる」ことが出来ないということなのだ。もちろん、そこに武道という条件を付けなければ、つまり、人は反応するという事を無視すれば、いくらでもふれることは出来る。しかし、当たり前だがそれでは何の意味も無い。

こんな実験をしたことがある。脈診を診れる鍼灸師二人に、ある人の脈を診てもらった。ある人が立っており、二人の鍼灸師が脈を診る。ある人の後ろから、その人の仲間が肩にふれる。その時に脈がどう変化するかを、具体的に知るのだ。そうすると、ある人が肩にふれると、腎機能が低下し、ある人は消化器系と、ふれる人によって異なるが、必ず何かしらの働きが低下した。つまり、身体は間違いなく違和感を覚えているということだ。それは、立っている人は女性で、ふれる人は男性女性混在して20人程だ。そこには、何の意識的な働きも無かった。にも関らずそんな結果になる。ということは、武道という完全に意識的、つまり、握った手を足がかりに何かしらの技を仕掛ける。また、逆に握られた手を足がかりに何かしらの技を仕掛ける、ということが、どれ程至難の業か想像がつくだろう。つまり、握る方も握られる方も、お互いに「何かをする」という意識があるのだから、容易に相手に対しての違和感を捕らえることが出来るということだ。

日常的なところで言っても「ふれる」というのは、相当難しいことだ。それは私たちが意識というものを、発達させすぎたからに他ならない。

5 やれることをやれるようにやっているだけでは、限界はすぐにおとずれる。

〝クセのバリエーションを増やしているだけ〟

道場にスペイン人が毎週通ってくる。彼はスペインで合気道を、15年程やっていたそうだ。しかし、どうも変だという事で、日本の道場に改めて習いに来たそうだ。私のことは友人から聞いており、興味を持ち来る様になった。もう、かれこれ1年を過ぎる。当初1年で帰国する予定だったのが、私の教室を知り帰国を取り止め、今も続いているのだ。その彼が稽古終了後ポツリと「自分はもっと色々出来ると思っていたけど、何も出来ないことが分かり愕然としている」と洩らしていた。

自分自身の生活する日常の身体の動き、身体操作の延長線上に、武道や武術の動きや技があるのではない。そういったことを、スペイン人の彼は知らなかったのだ。スポーツ競技でさえ、世界レベルになるとその競技に特化した動きでなければ、そのレベルにはいかない。もちろん、スポーツ競技の裾野は、それこそ誰でも楽しめる、つまり、日常の動きの延長線上にある。ただ使われ方が、そのスポーツ固有の形式になるだけだ。

それはダンスの世界でも同じだ。トップクラスのダンサー達は、そのダンスの形式に特化した動きを持っているが、裾野の人達は日常の延長だ。教室には、若いダンサーもくるが、外国から来日したダンサー達のワークショップを受けに行く。そこで習うのはダンスのフレーズだ。つまり、ダンスもどきを習うのだ。だから、誰にでも出来る。もちろん、趣味でダンスをやっている、ダンスをやっている気になる事が目的なら、フレーズを習って楽しむのが一番良い。

そういった「誰にでも出来る」というのが、自分のクセのバリエーションを増やしている、という言い方を、私はする。だから、本人が楽しむだけのものなら、それで良いのだ。

〝新打法〟の獲得

この「動きのバリエーションを習っている」という言葉は、私自身にとって「これや！」というくらいタイムリーな言葉だった。日頃から、どう説明すれば身体運動の基本を作り直す、あるいは、自分の持つ身体像を作りかえる必要がある事を理解出来るのか、と考えていた。

スペインの彼との会話の中で「クセのバリエーション、習慣的動きのバリエーションをやっているに過ぎない。だから、習っただけで出来るのだ」と私が思わず呟いた。呟いてから「おっ！これや」と言葉を捕まえたものだ。

武道やドラミングを練習している時、「この自分の身体では、ここ（トップドラマー）には行けないだろう」と想像できた。初めてスティックを持った時、もちろん上手になりたい、いろいろなテクニックを身に付けたいとは思っていたが、「現在の自分では無理」だと見えていた。

それは、それこそ昨日までバーを経営していて、いきなりバンドボーイだ。つまり、音楽的下地も、楽器を操作する「いろは」も知らない自分だからだ。中学生の頃から、ギターにはまりベンチャーズのコピーや、寺内タケシのコピーはしていた。バンドを組み、その先はビートルズというような、夢は見ていた。つまり、普通の中学生だ。

その程度の音楽的下地は、ジャズには一切通用しない。それが分かり、ギターを諦めたのだが、音楽への未練が未知の楽器ドラムへと進ませたのだ。

そういった「現在の自分では無理」をどう克服していくか、どう成長させるかが、練習だろうと思った。今では普通になっている、スティックのコントロール法で、スティックを握らないという方法。

つまり、バウンドを最大限利用するやり方は、45、6年前には日本ではあまり一般的ではなかった（編注：本稿掲載2014年）。しかし、直観的にその方法が最高の奏法だと思い、その奏法を徹底的に訓練した。

その事で、手が変わった。「この自分の身体」での、クセとしての動きから、新たなクセを付け、この自分の一部を超えた。その事は、単純に動作としての一つを変えたことだが、その内容は、自分自身が何かを持つことの全てに波及した。物を持つ時には握らない、力を入れないを徹底したのだ。

それは、獲得したいことはスティックを握らないで、そして叩かないでバウンドを拾う、ということだ。それはそれだけを訓練しても、出来るには相当の時間がかかる。だから、他の方法も考えていくのである。それが練習をする、ということだ。習ったこと（知った事）を練り上げる。練り上げるとは、独自の工夫を重ねるということになる。そういった、より本質的な探究の結果が、「この自分の身体」を超えさせていったのだ。

何を言いたいのかというと、自分がやれることを、やれるようにだけやっていては、それは現在の自分のバリエーションに過ぎないから、限界はすぐにおとずれるということである。もちろん、現在の自分が出来ないといっても、ある種の繰り返しで出来る様になることは沢山ある。しかし、限界は見えている。もちろん、当人には見えないかもしれないが、それは周辺にいる人達を見れば、

自ずと理解出来ることである。

やれることではなく、最初から相当工夫をしなければ出来ない事、それが大事なのだ。頭を徹底的に使わなければならないこと。だからこそ、現在の自分を超えることに繋がるのだ。

もちろん、このスティックのコントロールは、武道的身体を考える上で、貴重な体験になっている。ドラムを叩かない、というのは、日常の自分にとっては至難の業だ。スティックが落ちる、スティックを落とす、それを拾う。更に、音を抜く、胴を響かせる。スティックの先端から力を出す。こういった楽器の持つ命題は、誰にも分かるように武道での様々な体術とリンクする。

リンクついでにもう一つ音楽の重要な要素が、武道的運動とリンクする。それは一つにメロディ、一つに合奏だ。よく格闘技やスポーツ競技では「リズム感」という言い方をするし、巷ではよく聞く。武道に取り組んだ当初は、そのリズム感が必要だと盲目的に思っていた。何の検証もせずに、思い込んでいたのだ。

確かに、ボクシングを見ていると、リズム感だと思わせるステップワークがある。確かに、そう言われればその通りだ。特に、アフリカ系アメリカ人やラテン系の人達を見ていると、華麗なステップを踏む。しかし、これはスポーツであって武道ではない。そこを混同させていたから、リズム感だと思ってしまったのだ。

武道においては、リズム感ではなくメロディと合奏がリンクする。合奏は、相手との関係性という点で、メロディはその抑揚が〝動き〟だ。リズムはスポーツとは逆に有ってはならない。理由は単純である。リズムは、相手から余りにも分かりやすいからだ。いつの間にか動き、いつの間にか相手の懐に入っている。この二つの動作が、武道では絶対的に必要要素、つまり、命題である。だから、そこから考えると、ということだ。

6 専門外の人達との交流が、より深化させてくれる。

トップアスリートが伸びる為に必要な事

10月初旬、珍しい人から電話が入った。「先生お元気でしたか?」強烈に明るく力強い声だ。「もちろんや、元気そうやな」「はい、二人目も元気に育っています」アトランタオリンピックとシドニーオリンピックに出場した、トライアスロンの元全日本チャンピオンの関根明子選手、いや、今は主婦の関根さんだった。現役を引退し、育児に専念。今は、コーチとして活躍しているそうだ。

アトランタが終わってしばらくした頃、関根選手からアドバイスをして欲しいという話がきた。トライアスロン?と思ったが、とにかく会ってみることにした。トレーナーでもあるご主人が、私を知り訪ねてくれたのだ。トレーニング方法を聞いていると、伸び代がまだまだ有ることに気付いたので、アドバイスを引き受けることにした。

もちろん「胸骨操作」を主体にしたものである。私がアドバイスと言っても、そこには全日本のオフィシャルコーチも付いている。だから、余りしゃしゃり出るのは良くないと思った。そして、そのコーチの指導にも興味があったので、最初は観察に徹した。

しかし、観察すればするほど、これでは選手は伸びないと感じた。具体的なトレーニングもさることながら、選手への言葉使いが間違っているのだ。いくら、コーチと言っても、関根選手は全日本のトップであり、ワールドカップでもベストテンに入っている、バリバリの選手だ。つまり、能力があるから、そのレベルであって、能力が低いのではない。何のことかと言うと、適切な事を告げれば、それを消化する能力を十分に持っているということだ。

例えば「軸がブレているよ」と。そんなことはコーチでなくても、見ていれば誰でも言える。「こいつはアホか、軸がブレているのが自分で分かるのなら、ブレる筈もないやろ」こころの中で叫んだ。見かねて、私が「手の平でここを叩いて」と関根選手に告げる。関根選手は不思議そうな顔をして、手の平でプールサイドを叩いた。「手の平が痛いのが分かるでしょう、その痛みの感覚に焦点を当てて両手を同じ感覚になるように泳いでみて」関根選手は、？マークのままだが泳いだ。手の平の感覚が一定しだし、そこに意識の焦点が当たっているから、身体は真っ直ぐになる。もちろん、これは誰にでも役に立つことではない。その時の関根選手の状態を見ての事だから、そのアドバイスということになったのだ。

関根選手は、?のまま、「どうしてタイムが上がったのですか」と聞いてきた。そんなタイプの色々なアドバイスで、一時ワールドカップで2位まで行った。1位も行けると見込んだのだが、また、そこにコーチのものの考え方とぶつかった。それは、2位になった時、タイム差が1分30秒程だった。ということは、水泳で何秒、バイクで何秒、ランで何秒縮めれば追い付く、という考え方で、トレーニングメニューを考えたのがオフィシャルコーチだ。

私は、このワールドカップ2位の時、招待されていたので見に行った。もちろん、横から声をかけ励ました。1位になった選手のラストスパートの凄さを見た。あっという間に、関根選手を振り切った。そのスピードたるや短距離走の如くだったのだ。

つまり、自分自身のタイムと比べて1分30秒の差だが、そこにあるのは圧倒的な差のそれである。というのは、振り切られた選手の精神的ダメージが、その数字には現れてはいないのだ。しかし、実際的には、そこが一番大事なポイントである。その平均的にスピードを縮めるという、トレーニングの作戦を聞いて、私は関根選手とは自然消滅の形で離れた。

それから約10年ぶりの元気な声は嬉しかった。「先生、実は選手時代、先生に言われていたことが何も分かりませんでした」「そらそうや、何だか分からないスポーツ理論に洗脳されていたからや」「先生凄いですね。先生の言ってくれたことを理解するのに10年かかりました。今は、コーチをしているので、世界の色々なトップアスリートとお話をする機会があり、そういった人達の話を聞いていると、全部先生が言ってくれていたことだと分かったのです」「10年だったら早い方やで。そうそう、今は競輪の選手を教えているから、バイクに関してはまた微細なコントロールを発見したよ」「また、色々教えて下さい」「ええよ」次に会う約束をして電話を切った。

思えば、この関根選手が私の「胸骨操作」を使った2人目のトップアスリートだ。一人目は、カヌーのスラロームの選手だった。彼に教える事によって、胸骨操作の応用範囲や、身体全体の関係性の新たな発見があったのである。それは、種目によっての特殊性があるからだ。カヌーのスラロームに関しては、パドルから強烈な力が出なければ、急流に負けてしまう。そういった条件が、身体操作そのものを見直すキッカケになるのだ。

その発見が、実は武道での棒から力を発揮する事に繋がっているのだ。

私にとっては、こういった専門外の人達との交流が、武道での身体操作や身体そのものの捉え方を、より深化させてくれるから有り難いことなのである。

チームとしては大学のアメフトや、高校のラグビー、バレーボール、大学の弓道部等の指導もあ

る。これらは個別の身体操作以上に、チームでの力の出し方もこちらの勉強になっている。

現在指導中の競輪S級の選手、西岡拓朗君には驚かされた。恐ろしく身体能力が高く、またトレーニングは私に負けないくらいの猪突猛進なのだ。オフの時でも、一日中バイクに乗り、身体操作を研究しているのだ。もちろん、プロだから当たり前だといえばそれまでだが、それほど熱心にやる選手と知り合った事が無いので驚いたのである。

キックボクシングのチャンピオンにも、一時期指導したことが有るが、トレーニングは西岡君の比では無かった。

当然、世界は無理だ。だから、私もその人から興味は薄れる。

例えば、西岡君とカフェへ入るとする。もちろん、身体の話、バイクの話になるが、直ぐに立ち上がってジェスチャーが入る。私も熱くなるから、突然ワークショップが始まるのだ。店としては迷惑な話だが、そんな熱い若者が大好きだ。

武道探求から生まれた身体操作を伝える

10月の初めから旅が続いている。まずはカナダのケベック市で1週間、今はオランダ・アムステルダムで2週間。そして、これが終われば11月からスイス・ジュネーブで1週間だ。いずれも、ダンスのワークショップである。来年は、スウェーデンにあるDance Companyから、初めてのオファーが来ている。

ココに来て、一挙にDance関係が増えて来た感がある。しかし、これは例えばケベック市からの招聘は、2年という時間を費やしてくれ、実現したことだ。もちろん、こちらとしてはそんな時間がかかっていることを、知る由も無かった。ケベックでのワークショップの時、主催者側から聞いて初めて知って感激した。

日本では、ダンサー達の足は遠のく一方だが、外国からはどんどん近づいて来ている。この違いは何なんだろうと思うが、私としては役に立つのであれば、どこの国の誰でも良いというスタンスだ。

今日はバレエでのジャンプを指導していた。アムステルダムでのワークショップは、と言ってもマンツーマンでのワークである。これは、クラシックバレエにおける身体操作の研究の為のものだ。多くの人は、概念に踊らされ間違った身体の使い方をしている。だから、故障者が多いし成長する人も少ない。そこを変えてしまおうという企画で始まったのだ。このプロジェクトは、来年の2月迄続く。そして発表し、各大学やバレエカンパニーに使って貰おう、という壮大なものだ。

武道の探求が、人間身体の探求になった。それは武道という条件が生み出してくれたものなのである。

7 「絶対に諦めない」という強さと、強烈な意志が必要なのだ。

身体に緩み、力みがあると体重は伝達しない

久しぶりに、この夏は集中稽古をした。熊野道場の時は、夏合宿だった。しかし、道場は老朽化が進み修理をしなければならなくなって来た。だから、ここ数年間は夏合宿を休んでいた。このままだと、合宿もやらなくなってしまうので、今回初めて神田道場で行ってみた。やってみれば不思議な事に、20年程続いていた合宿よりも、充実した稽古になったのではないかと思う。それは、20年程のキャリアのある弟子達が伸びて来た、という事なのかもしれない。身体で理解出来たり、技として仕上がってくるには10年では足りないし、もちろん、20年でも足りないのだ。そんな事も理解できるようになるには、やはり10年、20年の時間が必要なのだ。

集中稽古は、基本の徹底と変化・応用する為の考え方に取り組んだ。稽古は、黒帯稽古のようなものなので、1年2年の新しい人には相当難しいものだった。稽古が難しくなる程、見えて来たのは基本的な身体運動の量だ。同じ10年以上の黒帯でも、身体運動の量の差が技の理解度、仕上がりの差となって現れる。それは高度な「身体を動かす」のと「身体が動く」という違いにもなる。

稽古は、午前10時から3時間、1時間の休憩を挟んで2時間を2回、合計7時間の稽古を4日間行った。昔、熊野の道場での合宿は、最長2週間という時もあった。この時は、さすがにばてた。稽古時間も朝9時から夜11時までだ。それからだんだんと短くなり、4~5日程度に収まっている。

道具を操るのは難しい。それが棒であれ杖であれだ。もちろん、刀剣も同じように難しい。型も難しいが、それ以上に難しいのは、その道具から力が出るのかという難問があるからだ。棒を思い切り振って身体に当たったところで、向う脛や頭、首筋以外は余程でないと効かない。映画のようにダメージを与えられないのだ。

大昔の話になるが、中学生の頃、他の学校とよく喧嘩をした。その時に、木刀や木製バットを持ち出したが、お互いに驚く程効かなかったのを覚えている。私もそれらで何度となく殴られたが、アドレナリンが出まくっているのでその時は痛みは何もなかった。もちろん、その後は痛みと共に紫色に腫れていたり黒ずんでいたりした。その体験があるから、道具は余程上手に使わなければ、効く事はないと分かっていた。

武道での力は、体重の移動だと私は言っている。それは、昔の体験から腕力だけでは無理だと分かっているからだ。そこから考えて辿り着いたのが体重の移動だ。だから、それが道具であっても同じという解釈だ。それこそ、野球の選手がバットの先に体重を乗せるというものだ。但し、それはイメージではなく「本当に」という事での訓練だ。

棒での体重移動が、今では基本稽古の一つになっている。棒の稽古を重ねるうちに分かって来た事は、身体に緩みや力みがあると、体重は伝達しないという事だ。その意味で、身体操作が重要になる。胸骨を引き上げ、背骨が伸びた状態、そして、それが足に繋がっている状態だ。

問題は棒を持つ腕だ。相手が力任せにしっかり握っていたら、こちらが腕力で押すと、相手の力と衝突して肘や肩が緩んでしまう。そして、そこで「なにくそ」と気持ちが動くから、上半身と下半身がバラバラになる。これは腰が緩むからだが、既に腰に力みがあるからだ。腰に力みが無く緩みが起こらない状態の腰が必要なのだ。

武道として相手に使える為には何が必要か

話は飛ぶが、お亡くなりになられた合気道熊野道場の砥島靖先生。砥島靖先生は、熊野道場での稽古で度々木刀を折ったそうだ。もちろん、折る事が目的ではなく、型稽古で相手が受けた時、木刀をへし折ってしまったという。その話を聞いたのは、まだ砥島靖先生とのお付き合いが浅い頃だ。だから、内心どんな腕力なのだろう、と思ったものだ。それは、単純に私の持つ先入観が、「腕力」と意味もなく決めつけたのだ。しかし、お付き合いが深くなるに連れて「腕力ではない」事に気付いていった。ある時、刀鍛冶の話を聞いた。その時、「大槌は重いでしょう」と質問した。その答えが「日野さん、あれが重かったら刀を打てないで。重いものを軽く使うのが技術やで」だった。

熊野の私の道場は、私の手造りだ。その過程で、嫌という程釘を打った。もちろん、小ぶりの玄翁《げんのう》を使っていた。しかし、たとえ小ぶりであっても、数打つと疲れる。少しでも腕に力みが出ると釘は曲がる。そのお話の時、その事を思い出した。すると砥島靖先生が、大槌を使う姿を見せてくれた。それを見て、合点がいった。当たり前だが腕力ではないのだと。つまり、大槌を振り上げる時、大槌の下に体重があり、真上に突きあげ重力に任せて落とし、その跳ね返りを拾っているのだ。

この重力に任せて、というのは、道場造りの時に発見し、刀の斬切りや、突きに応用していた。しかし、まだまだそれは甘いものだと、この時に気付いた。

棒に体重を乗せるには、縦系の連動が必須だ。全身を繋げて使う為の基礎訓練の一つでもあるからだ。縦系の連動は、極端に言えば全ての体術に使える。だから、縦系の連動は、身体運動の基本

的訓練として全員がやる。この縦系の連動で気付いたのは、レベルによって獲得するべき内容を変える事が出来る事だ。それは、目的に応じて、という言い方も出来る。腕力に頼らなくても良いし、腕力をより強固にする為にも使える。だから、レベルに応じて訓練が出来るという事だ。

腕力を使って棒で相手を押し倒そうとしても、相手の腕力や体格が大きいと絶対に跳ね返されてしまう。小柄な女性であれば、180センチ程で体格の良い男性を押し倒す事は出来ない。本当に跳ね返されて転がってしまう。縦系の連動を使ったとしても、余程精密でなければ受け付けない。当たり前だ。それは男性でも同じだ。

昨今、「武道」と言っても身体操作的な事を言う人が増えているような気がする。もちろん、目に見えるのは身体操作でしかないからだが……。手をどう動かし、足さばきはこう、という具合だ。しかし、それが出来たら武道なのか？　先達が生命を賭けて編み出してきた技が、ただの興味本位で取り組んだような人の身体操作だったのか？

というのは、私の道場に来る人の中にも、身体操作を知りたい、とくる人が増えているのだ。それは、ここ10年くらいの傾向のような気がする。それぞれ個人が、何に興味を持とうが自由だし、その個人の勝手ではある。その興味の一つに武道があっても決して悪いのではない。ただ身体操作だけでは、先程の体重移動を実際に相手に使えないのだ。もちろん、身体操作という事だけを目的とした場合は、十分使える。それは、相手も身体操作だと理解してやっているからだ。

では、武道として相手に使える為には、何が欠落しているのかだ。それが、今回の集中稽古の目的だった。「何が何でもやり通す、絶対に諦めない」という強さと、「この相手を」という強烈な意志が必要なのだ。棒を使って、若干の腕力系で相手を押す。もちろん、体重は移動しているから、相手は「何が何でも」と持ちこたえようとする。こちらも必死になって、相手を倒す。ここのぶつかり合いを4日間やった。結果、大阪教室に通う女性が、１８０センチの男性を倒せるようになった。「何が何でも」と「躊躇するな」の2本立ての勢いが強い方が勝ったのだ。もちろん、体重の移動でだ。

8 達人の「手」は、恐ろしく柔らかい事で共通している。

意識への刺激の結果が「手」に現れる

医療従事者向けに定期的にセミナー「明鏡塾」を開いている。それは、患者さんや利用者さんの、回復や改善を促進するのは、相互の信頼関係が重要で、そこに特化しているのが武道だからだ。武道は「関係」で成り立っており、特に私はそこを掘り下げている。友人の医師や治療家達が、そんな私に「セミナーを開き、そこを伝えて欲しい」、「『信頼関係が大事だ』と考える医療従事者を増やして欲しい」と言われ、始めたものだ。「明鏡塾」がスタートしてから、かれこれ6年になる。

セミナーでは「触れる」がメインのワークの一つだ。毎回最初のワークは、常に俯せで寝た人の背中を触る。最初のセミナーで組んだ人と、最終6回目迄行う。同じ人と行う事で、お互いにその成長や進歩を体感出来るからだ。その背中に触れるワークで、背中に触れる手を見ていると、余りにも生きていない、あるいは、使えていない手に愕然とした。

手を使うのが仕事であり、手が患者さんや利用者さんの改善や回復を支えるのに、だ。細い指や手。これは形状なのだが、印象でもある。だからセミナーでは「死んでるで、その手」とよく言う。同時に「世界が狭い」という印象もあるので、それも言う。もちろん、言われた人は理解できない。しかし、その事は説明しない。自分がそれを問題視し、自分で答えを出してくるかどうかが、成長していく人かそうでないかの違いだからだ。

で、私が背中に触れる。自分の手と「比べて下さい」と言う。もちろん、それを分かる人と分からない人がいる。分かる人は、何とかしようとする。分からない人は、理解しようと言葉を駆使する人。いくら言葉を駆使しても駄目なものは駄目だし、自力で気付くのと、私の説明を聞き知識にするのとは、雲泥の差があるし、それは全く別の種類のものでもある。

最初の頃に「世界が狭い」と指摘した手の主は、若手の理学療法士だ。その彼は、セミナーを受講する2、3年前に、ワークショップに参加していた。若手の療法士がグループで来ていたのだ。確か、最後の日の最後のワークで、身体操作について質問して来た。患者さんのフォローの仕方だった。詳しくは覚えていないが、椅子に座って脱力した姿勢から、フォローをして立たせるというような

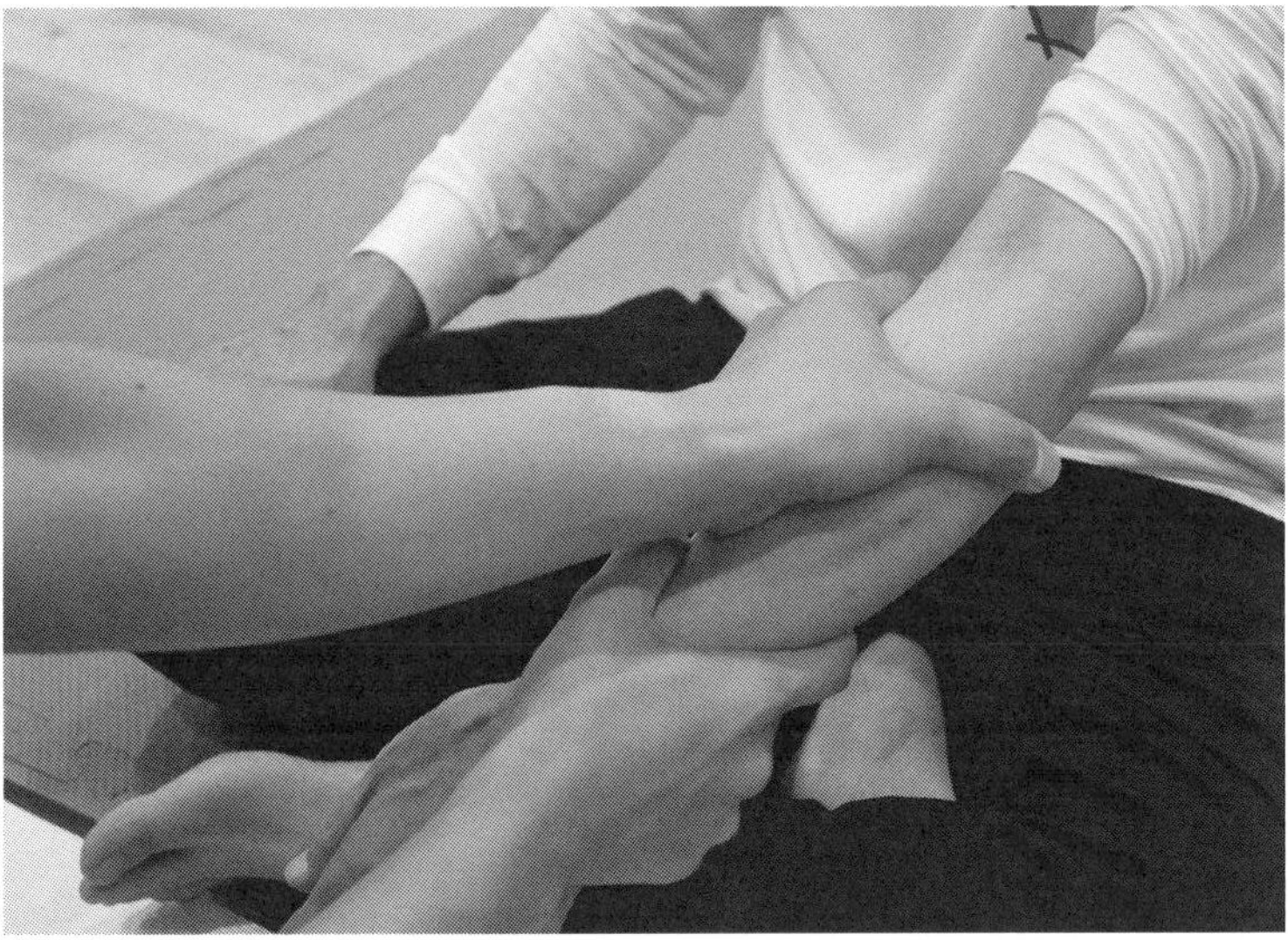

事だったと思う。それを、こうして、こうしてと、やっている事を言葉で説明しながら立たせた。その事が、その理学療法士にはショックだったようだ。つまり、学校で習った事や解剖学的な考え方では無かったからだ。むろん、まだ若いからキャリアも積んでいないので仕方がないというのもある。彼曰く「学校で何を学んで、今まで何をしてきたのだろう」と思ったそうだ。

彼は、学校でも既に頭角を現しており、業界でも若手で嘱望されていた有望な理学療法士だ。そんなキッカケから、一期「明鏡塾」から十二期の現在まで、ずっと来ている。

先日、その彼の手を見て「強くなっている」事に気付き、その事を伝えた。当人も「そんな感じがしていた・世界が狭いという事が何となく分かりました」と答えてくれた。彼は、ここ2、3年で自分の進むべき道を見つけた。それは、「明鏡塾」での話、懇親会で医師を交えての話を聴く事で、絞り込まれたのだ。その彼が先日起業をした。就労支援を含んだリハビリ施設だ。その起業の為に、色々な人に会い交渉をして来た。つまり、純粋に自分の仕事とは関係の無い事に取り組んで来たのだ。

ここがポイントだ。だから、手に力強さが見え、世界の狭さが無くなっていたのだ。「色々する事が大事やで」とは、受講生全員に話す。しかし、それをどう受け取るかはそれぞれだ。手が仕事をするのだから、手を器用にする事も大事だ。しかし、実際は、その「手」を操っているのは、間違いなく自分自身の意識である。そうすると、その意識にどれだけの刺激を送り、フル回転させられるかが、結果として「手」に現れるのだ。

手は、その人の仕事量や質を表す

達人の「手」は、恐ろしく柔らかい事で共通している。

前節でも触れた、合気道の故砥島靖師のこと。30年位前になるか、もう一寸《ちょっと》前か、とにかく、それくらい前、合気道熊野道場で教えておられた、砥島師とお付き合いさせて貰っていた。砥島師は刀鍛冶という事もあって、非常に科学的な考え方をされていた。そういう事から意気投合し、熊野の私の道場に毎週といって良いほど来られた。来られたら5、6時間は、技の分析や原理の話で盛り上がった。時には、木刀を持ったり、素手で掴んだり、本当に密度の濃い時間を過ごさせて貰った。

砥島師の両手を掴んだり、逆に摑まえられたりしている時、手の柔らかさもさる事ながら、身体操作の柔らかさに驚いたものだ。その後、本誌のご縁から武神館・初見良昭宗家と、お付き合いさせて貰い、やはり手の柔らかさ、身のこなしの柔らかさに驚いたものだ。そんな体験が、達人と呼ばれる人は「手が柔らかい」という事で共通するのではないかと考えたのだ。

「手」は、当人の全てが現れている。特に武道では、道具を使ったり相手を掴んだり、とにかく手を多用する。そういった、相手に直接接する技の場合、手や腕の緊張は直に伝わる。直接伝わるというのが、技のキーワードだ。直接相手に触れるというのは、こちらが「技を仕掛ける」のを、事前に察知される、キャッチされる危険があるのだ。だから、手や腕が強張っていたり、強引に仕掛けるのは諸刃の剣だ。

ここのところが、「明鏡塾」セミナーとくっつくのだ。察知される、キャッチされるのは、紛れもなく「違和感」だ。医療従事者の手は、絶対に柔らかくなければいけないのだ。患者さん、利用者さんに、「違和感」を与えるのは治療や回復改善の妨げであるばかりか、信頼も築けなくなるからだ。

人の「手」が気になりだしたのは、20年前か30年前、それよりも前か完全に忘れた。書き出して思い出したのは、バーテンをやっていた頃、55年ほど前だ。カッコいい先輩のバーテンの手を美しいと思った。シェーカーの扱い、バースプーンの扱い等、どれもカッコ良いのだ。もしかしたら、そこが「手」に目を付けた原点かもしれない。

ジャズドラムを職業とした辺りからは、ピアノ・ベース他、様々な楽器奏者の手や指が目に付いた。細く華奢な指や手。楽器に似合わずごつく分厚い手。筋張った手。関節が目立つ指。先が細い指先、丸い指先、四角い指先。来日したピアニストのオスカーピーターソンの手は、本当に分厚く大きくごつい手だった。しかし、強烈に柔らかかったのには驚いた。

「手」は、意識の出先器官だ。もちろん、身体は全てそれだ。だが、特に手は、その人の仕事量や質を表している。ドンクサイ手、器用な手、色々だ。仕事量というのは、文字通り「仕事だけ」のものではない。その人が手を使って何かをする、その総量だ。だから、その人を表しているのだ。先述の理学療法士の「手」の成長が、その事の答えである。

第2章

達人たちの言葉

1 「居着くは死、居着かざるは生」

〝拘らない〟に至るための〝拘る〟

私の好きな言葉の一つに「居着くは死、居着かざるは生」がある。単純に言ってしまえば、発想を転換しろ、物事に拘《こだわ》るな、となる。しかし、その言葉を実際に行うとなると、並大抵ではない。武道ではなく、日常生活というところで実行しようとしても大変だ。

発想を転換しろ、と言われても、そう易々と転換できない。転換しようと思えば、視点や立場を変えられなければならない。ということは、相当の現実的想像力を必要とする。現実的想像力は、それこそ様々な社会や世界を知らなければならないし、「他者」の思考を認識する能力も必要となる。もちろん、好奇心が旺盛、というのも必要不可欠である。

　また、物事に拘るな、と言われても、趣向を変えるとなると難しい。大方は、自分のクセとしての趣向、つまり、好き嫌いだけで物事を選択し生きているからだ。また、それは自分の価値観でさえ、拘ってはいけないということだから、これまた至難の業だ。ここでの難しさは、一つに完全に自分の趣向を知っていなければならない、という難しさ。そして、自分の価値観とはいかなるものかを、知っていなければならない、という難しさがあるのだ。

　冒頭に戻ると、自分は何かに対して常にどんな発想をしているのかを、知っていなければならない、という難しさもある。

　もっと、もっと突っ込めば、「拘るな」という裏には、「拘れ」が潜んでいることが見える。拘って拘って、もっと拘った先に、拘っている自分さえ忘れたその先に、拘っているからぶち当たる壁がある。そこで自分の大きな失敗と対面することになる。その時点で初めて「拘っては駄目だ」を身をもって知る、という自分の気付きがあるのだ。

　その地点での「居着くは死」なのだ。角度を変えれば、最初から拘りを持たない人には、この「居着くは死」は分らないということである。であるから、この言葉を体現化する為の玄関は、拘りを持ち続けろ、ということになる。そして、何かに対する意思を決して曲げるな、だ。しかも、自分の大きな失敗に気付くまでだ。つまり、頭を打て、ということである。ということは、ここまでに相当の時間が掛かる。

　というリスクを背負うことが、自分の足で生きるということでもある。他人の言葉を納得したり、拝借するのではなく、自分自身が人生を通してリスクを負いながら気付いていく、それが〝自分の足で歩く〟である。

　しかし、ここでの大きな失敗は、実は大きな失敗なのではなく、そこまでの過程が自分自身を作ってくれているのだし、この「居着くは死、居着かざるは生」と、昔日の誰かが残した言葉を共有したに等しいのだ。この目まぐるしく移り変わる現代社会で、何を夢のようなことをいっているのだ、というのが大方の指向だろうが、目まぐるしいのはテクノロジーの進化や社会のシステムだけであって、人の豊かさの源は何一つ変わっていない。もしも、変わっていると思う人がおれば、それは単に世間に流されているだけである。

角度を変えれば、ここが分水嶺でもある。つまり、言葉を体現化側に進む人と、言語的理解、納得側に進む人の分かれ道なのだ。

　また、これに取り組むということになれば、最初の解説を全て分かった上で、この「居着くは死、居着かざるは生」に取り組む、と、きっと大方の人はなるだろう。それでは駄目だ。常に同時進行的に、つまり、日常生活なり武道の稽古なりを、進行させながらこのことに気を配り、なおかつ、気付いた瞬間に「それは、居着くは死だ」と自分に言い聞かせをするのが一番合理的だ。

永遠に時間があるというなら、また、永遠に若いままでいられるのなら、「出来てから」でよい。しかし、それは不可能なのだから、一番合理的な方法を選ばなければならない。と、ここで「合理的」という言葉を使ったが、この言葉は当然「〝限られた時間の中で生きている〟がある」という事に対する合理である。

同時に……

それこそ、こういう合理的な発想は、中学生の頃新聞配達をしていた頃からあった。また、それは、音楽を生業としている時には、猛烈に発揮した。私がジャズを始めたのは、20代の手前だから相当に遅い。3歳からピアノを習っていた人と比べれば、16、7年の開きがある。この開きを解消しようとした時、「同時進行で」という発想が湧いてきたのだ。

ドラムにとって基本になる一つ打ち。それをしながら足ではバスドラムと、ハイハットのコントロール。頭の中ではジャズのメロディ。交互の一つ打ちをしながら、同時の一つ打ちを混ぜたり。とにかく、その時同時に行えることを、全部思いつくままやってきた。

「どうして、そうでなければいけないのか?」それは、自分の練習方法に向けた。よく考えると、その時点で既に低いレベルではあるが「拘るな」をやっていたことになる。だから、スタンダードなジャズから、フリージャズ等の集合即興演奏という形式に拘っていったのだ。

しかし、ここでまたどんでん返しをすることになる。「そうか、おれは集合即興演奏に拘りすぎていた。それでは音楽はフリーであるかもしれないが、俺自身はフリーでも何でもないじゃないか」と気付く瞬間があったのだ。フリーを叫んで8年が経っていた。もちろん、だからといって集合即興演奏を止めたのではない。そこから、その演奏自体も進化したし、私自身の演奏の選択肢が無限に広がったのだ。その瞬間が「居着くは死、居着かざるは生」という言葉そのものだとは、私は当然気付いていない。

今度はそれを「突き」を通して、あるいは刀の「上段からの斬り落とし」を通して、また、体術としての「投げ」を通して実現させようとしていた。それは、雲を掴むような話だった。しかし、その「居着くは死」の出所は、紛れも無くこういった戦いの中から生まれたのだ。であれば、そこから考えなければ、全く意味はない。来る日も来る日も、頭を悩ましながら稽古をした。朝9時から、夜地下鉄の最終の11時40分まで。帰宅しても、頭の中と身体は動き続けた。

もちろん、だから「出来た」のではないし、「出来た」を目指しているのでもない。そのように「生きる」なのだ。全てと同時進行的に。ここまでは長かった。

ある時期は、この「居着くは死」は私にとって経文のようなものだった。何かをしている間中、ブツブツと唱えていた。何もしていない時も、ブツブツ唱えていた。雲を掴むような話なのだから、やれることはそれしかなかったからだ。

そんな楽しい人生、自分だけの価値を持って歩く人が、少なくなったのは本当に寂しい限りだ。

2 「足痒ければ足、頭痒ければ頭を掻くもの」

一手の為の壮絶な蓄積

伊藤一刀斎景久《かげひさ》が、師の鐘巻自斎と立ち会ったときの話で「人は夢寐《ムビ》の間にも足の痒《かゆ》きに頭を掻くものにあらず、足痒ければ足、頭痒ければ頭を掻くものでござる。人間には自らの機能があって害を防ぐように出来ている、今先生が吾を撃たんとせらるる心即ち虚にして、吾の防がんとするは人間の本能にしてかつ実であります。今吾の実をもって先生の虚を打つ、是れ勝を得る所以でござる」（内田良平著『武道極意』）がある。この言葉は私の武道研究の核になるものだ。

「最後の最後、手が良い場所に行くかどうかですね」将棋の永世名人羽生善治氏が語った。最後の最後に手が良い場所に動く、これは正に伊藤一刀斎のそれだ。一手指す為に、80手、100手先を何通りも読み、最善の策の一手を指す将棋。しかし、それでも最後の最後は、手に任せるのだと言う。

将棋、約400年の歴史の中で、誰も成しえなかった永世7冠にあと一勝という所まで迫った羽生永世名人（編注：本稿掲載2011年時。その後2017年に永世7冠達成）。とてもではないが、我々には想像できない世界に生きている。その羽生氏の言葉が、逆に伊藤一刀斎の凄さを少しでも理解できる。想像できない世界の話だと。次元が違うとは、このことだ。

言葉というのは便利で、その言葉の意味を理解するのは簡単だ。しかし、背景を理解することは到底不可能である。そういった時に、秤《はかり》にかけることができるのは、このような歴史を背負った達人の話だ。背景を理解できなければ、その言葉に何の価値もない。何時も中学生でも理解できる意味が並んでいるだけだからだ。

「人は夢寐の間にも足の痒きに頭を掻くものにあらず、足痒ければ足、頭痒ければ頭を掻くものでござる」というのは、単純に無意識領域に任せておけばよい、というものではなく、羽生氏の如く、80手先、100手先を何通りも読める力があり、尚且つ、幾多の修羅場をかいくぐって来たという体験が、作り出している身体でありその働きのことで、一般論的人の働きではないということである。となると、これは不可能だといわざるを得ない。しかし、その匂いだけでも嗅ぐことができないか、というのが私の立場である。

盡人事而待天命

またこの「人は夢寐の間にも足の痒きに頭を掻くものにあらず、足痒ければ足、頭痒ければ頭を掻くものでござる」は、所謂潜在能力のことでもあるので、そういった開発も巷ではある。しかし、実はそれは何の役にも立たない代物だ。つまり、ここでいう潜在能力というのは本能的働きのことであって、それを使って何を働かせるのか、つまり、ここで言えば「手が良い場所に行く」というような、将棋での壮絶な蓄積が必要なのだ。それが無い限りにおいて、一切役に立たないのだ。という具合に、一つの深い言葉は、様々なことを解き明かしてくれる鍵にもなるのである。

〝勝負〟の構造

「将棋の勝負は捨て身としか言いようがありません、自分が最善を尽くした一手を指し、それで相手が死力を尽くして打ち破る方法を考えるのですから」つまり、攻防の時間差の話である。野球は、投手が投げた瞬間から、打者の打てるところまで届く時間があるが、素人から見れば一瞬だ。もちろん、卓球もテニスも、そして武道も、という攻防を考えたとき、本当に将棋の勝負というのは特殊だといえる。正に捨て身だ。

逆に言えば、手が指され、「ではどうするか」そこからの思考そのものが瞬時の攻防だとも言える。

というのも、羽生氏は常に実力が伯仲している中での対局だと話していた。ということは、自分の指す一手は、すでに相手の思考の中にあるということだし、相手の一手もこちらの思考の中にあるということである。つまり、お互いが全てを分かった上での対局だ。だから、その思考、あるいは順序の読みが一瞬の勝負を行っていると想像できる。もちろん、それは、門外漢には計り知ることはできない世界だが。

この羽生氏の話の最中、武道での対峙、そして勝負ということを考えてみた。

単純には、先ほどの如く、勝負の形態は全く異なる。しかし、世に言う達人たちの勝負を考えると、あながち全く異なる勝負形態だとは言えないのではないか、と思った。というのは、勝負そのものは一瞬だろうが、その前に相互が対峙しないまでも、視野に入っている。ということを相互に知っている。ということは、相手はどう動くのか、あるいは、どう攻撃するのか、を、体重の位置や意識されている身体の部位を、無自覚的にも認知している筈だ。

だからこそ、相手を意識した様々な所作や、場所を移動することで相互に探り合いをする。であれば、そこのところは、将棋での一手指す前の、頭の中の状態と同じだと言えるのではないか。

もちろん、だからといって何がどうなるものではないが、羽生氏のその言葉は、そんな想像をかき立ててくれたのだ。それは、言葉の連想ゲームなのではなく、羽生氏の自然体が想像させてくれたのだ。

「色々な世界があり、オリンピックのようにその時に絞って練習を重ねていく、という方法もありますが、将棋の場合は残念ながら、シーズンオフがありません。年中対局しているようなものです。だから、日常の中に対局がある、という発想でなければ身体が壊れてしまいます」

永世名人位がかかっている対極の最中での対談だった。まさに日常の所作、行動の中に、何気なくその歴史を背負った対局がある。屈託のない笑顔は、本当に屈託の無い笑顔だった。そこには、対局の最中ということを微塵すら感じさせなかった。つまり、日常行動の中にある、というのは、完璧な意識の切り替えを自らに要求し、それを成しえているということになる。

だからこそ、対談を引き受け、将棋の世界ではない話に集中できているのだ。そこに、先ほどの「自然体」という姿なのである。

自分自身の日常を考えたとき、少しでも日常ではない特別なことがあるとき、変に高揚したり不安になったりする。とてもではないが、自然体には程遠い。

「人は進歩や成長をし続けるものなのでしょうか」

対談中の質問の一つだ。「もちろん、そうですよ。羽生さんを見ていると、将棋は頭で指すものではなく、身体全体で指すものだと分かります。つまり、身体全体は過去を整理整頓してくれているのですから」羽生氏は「常に自分を超える、つまり、自分自身が獲得してきたものを守るというのは、停止と同じです。また、今勝てるという手を持っているだけでも、5年先10年先を考えれば停止と同じです。だから、逆に今負けても次のことを考えていかなければ駄目なんです」というほど、成長に貪欲だ。だからこそ、成長し続けられるのか、という不安が顔をのぞかせるのである。

どれをとっても、尋常ではない。将棋４００年の歴史を塗り替えようとしている人と、同時代に生き、ましてや同席させて頂いたのは、「武道を歩いていて良かった」に尽きる。

3 「自分みずから悟る外ないではありませんか」

好奇心

人は自分なりに、色々な取り組みをすることで、人生を楽しんでいる。特に達成感のあるものが好まれる。苦労の末に「やった・やり遂げた」という状況に、あるいは状態になるのは、全てが解放され何にも代えがたい。そしてその「やり遂げた感」が希少なものほど、その達成感は並のものではない。

我々には想像する事すら出来ないが、エベレストに無酸素で登頂したり、ヨットで世界一周したり、ということがその頂点にあるのかもしれない。オリンピックで金メダルを獲るというのもその一つだ。その意味で、人は色々なスポーツ競技や頭脳オリンピックといったような形を通して競う事が好きだ。

それはもしかしたら、人類の根底にある生存本能の、現代における形を変えた姿なのかもしれない。エサを獲得した者しか空腹を満たすことが出来ない。子孫を残す相手を見つけなければ、自分の種は絶えてしまう。そういった生存競争の名残なのかもしれない。

また、人は冒険を求める。それも、この生存本能の違った現われでもある。自分が生活する場ではない地に対する好奇心であり、カール・ブッセではないが、自分の住む場所以上の幸が彼の地にあるかもしれないという欲、それもやはり生存本能の名残なのかもしれない。

それは幼児にも見ることが出来る。自分でハイハイが出来るようになると、好奇心そのものでどんどん色々な場所に行く。そして何でも口に入れる。お母さんや周りの大人が、一番神経を使う時期だ。生存本能が根底にあり、その事で好奇心が働き動きが生まれ、動きが成長しているのだ。この辺りの事をじっくり考えるのは、人と身体運動、あるいは、身体が何故動き出すのか、を探り出す事の大事なヒントを見つけ出せることになる。

現代はＨｏｗ ｔｏが花盛りだ。これをするにはこうすれば良い、とあらゆるマニュアルが存在している。だから、好奇心の発動が無くても、意識の働き、つまり、知識を素材として何かしらの判断を持ち、マニュアルを実行するということが多々ある。例えば、料理を作ることにはまるで興味を持っていないとする。しかし、何かの情報で料理は武道と共通する、と仕入れたとしよう。そして「そうか、料理と武道は共通するのか、であれば私もやろう」というような事だ。

むろん、その事が悪いとか間違っているというのではない。それは自由だからやればよい。ただ、無意識の好奇心が発動して、料理を作るということを選んだのではない。そこに決定的な違いが生まれる。好奇心から生まれた料理は、料理そのものに好奇心が関わっているので、どんどん挑戦していく。しかし、意識や判断が決めた料理は、そこからの広がりは全く無い。もとから好奇心が無いのだから仕方が無い。だから、ここの「料理と武道は共通する」という事の本意に辿り着くことが出来ないということだ。

好奇心から料理に取り組んだ場合は、何をどうするのかは、自分の作業中からどんどん発見していくし、先輩や周りの人のアドバイスを理解出来る。しかし、そうではない場合は、何をどうするのかは全く分からないから、作業そのものもマニュアルがなければ前に進まない。もちろん、マニュアルに書かれていないこと、書けないことは想像することすら出来ない。そんな差が生まれるというだけのことだ。

無謀な冒険

ところで、冒険とは何かと考えた時、それは義務でもなく強制でもなく、誰に頼まれるでもなく、自分勝手にそこに価値を認め旅立つことである。その意味で、現代において武道という世界への踏み出しは、極めて無謀な冒険だと言える。何故なら、そこには冒険の見返りとしての、一切の達成感など存在しないからだ。その冒険は、「そこに山があるから」という名言とは真逆で「そこに何も存在しない」から無謀なのだ。「そこ」が具体的には無いし「山」も具体的では無く、そこに「山」を作り出し、それを征服する。それが武道であり、武道という冒険なのである。

そこに、というのは、無論自分自身の事だ。そして山というのは問題である。つまり、自分自身が勝手に問題を見つけ、あるいは、勝手に作り出し、自らの手で、答えを身体に出し、身体に植え付けていくということだ。と考えると、この作業そのものは、禅でもあり哲学でもある。その意味で、武道とは非常に個人的なものなのだ。

伊藤一刀斎が、師である鐘捲自斎に「先生、わたくしは剣の妙機を自得しました」と言うと、師は「未熟者が何をいうか」とののしったが、彼は平然として「しかし先生。妙とはこころの妙である以上、自分みずから悟る外はないではありませんか。決して師から伝えられるものではないと思います（『剣と禅』大森曹玄著）」と言い放っている。

話は前後するが、これも好奇心という発露からの道と、マニュアルからの道との違いだとも言える。もちろん、伊藤一刀斎は好奇心からのものだから、一秒たりとも立ち止まらず精進出来、このような言葉になったのだ。

私の冒険は、山を伊藤一刀斎の「水月移写」と決めることから始まった。当然極めて高い山である。前人未到かもしれない。しかし、私の登る山はそれしかないと直観したのだ。もちろん、その極めて高い山を最初から見つけられた訳ではない。当初は武道に残る言葉から「居着くは死、居着かざるは生」を選んだ。それは紛れもなく、精神の状態を含めた身体の姿であり、それを身体技術としてどうするのか、を示唆していたからだ。もちろん、その「居着く〜」という山を征服出来たのではない。しかし、その山に何万回と挑戦することで、周りにある様々な山を発見し、その全てに登頂を試みる事が出来ている。

そんな冒険が「後来習態の容形をのぞき、本来清明の恒体に復す」という、水月移写に登頂する為の稽古方法を発見させたのだ。宝の山だ。

武道は決して肉体鍛錬ではない。運動解析から生まれた運動の姿は、武道とは似て非なるものである。それは、身体を、身体運動を、じっくりと考えてみればよく理解出来る筈である。というのは、身体運動を起こしているのは、間違いなく「頭（意識）」であって、身体そのものではないからだ。目的を持ったり、何かに反射したり、生理的な何かが起こったり、欲求が生じたり、という身体そのものではないものが働き、それが原因で身体が動いているのである。最初の話の幼児の姿が答なのだ。

確かに武道は見た目には身体運動ではあるが、実はどんな意識を持っているのか、どんな言葉を目指しているのか、という思想や概念によって動きが決定されているのだ。つまり、そのことによって目指す山々が目の前に現れ、無謀な冒険が始まるのである。決して運動解析では見えてこない山である。だから面白いのだ。

4 「体の働きを使う」

ポチッとな

今更ながらの話だが、今日の情報サービスは有り難い事だ。スイッチ一つ、パソコンの起動ボタン一つ、とにかく、スイッチ一つで多くの情報、多種多様な情報サービスを受けられる。海外の友達とも無料で話が出来る。14、5年前には考えられなかった事だ。もちろん、そこには危険も付いては回る。それは仕方のない事だ。タダほど怖いものはない、の例え通りだ。

しかし、これだけ世界が繋がっていると、どこかで何かアクシデントがあると、一瞬にして繋がっている世界に影響がでる。そんな大きな話でなくても、大方の生活が電化され便利になっているという事は、停電が起これば全部が止まるという事だ。私の生活が止まっても、別段社会に影響があるわけではない。しかし、東京の心臓部が止まると、日本のあらゆる情報網が止まる。

そんな危険を伴った生活も、そんな時代に生きているので、それはそれでまた楽しめば面白い。好きなジャズも、スポーツ競技も、世界のニュースも、その時々のリアルタイムで楽しむことが出来る。しかも、コタツに入ったままである。こんな贅沢の出来る国は、そうそうない。

コタツといえば、もうそろそろ山ではコタツのシーズンに入る。そうすると、7ヶ月か8ヶ月は出したままになる。まるで北国だ。コタツのシーズンに入ると、薪も用意する必要がある。幸い今年は、昨年から用意をしているので、慌てることはない。

とはいっても、昨年の薪は生徒の一人が、近所の山で切ってきてくれたものだ。だから、それが底をつくと探しに行かなければならない。

スイッチを入れると、WBA世界ミドル級、ゲンナディ・ゴロフキンがWBCミドル級暫定マルコ・アントニオ・ルビオとの世界ミドル級王座統一戦があった。2回1分19秒KO勝利を上げ、12連続KO防衛を果たした。これは、とんでもなく凄い記録だ。

昨年ゴロフキンをWOWOWで初めて見て驚いた。身体としてセオリー通りの事をしていたからである。一見何気なく出す左フックで、相手はリングに倒れ込んだのだ。

「肘だ！」

肘主導を分かって使っている選手がいたことに驚いたのだ。ダイジェストでゴロフキンのKOシーンが映し出されたが、どれも肘だ。

肘を使っているから、他の選手と比べ腕の力みが半分以下だろう。その分体重が素直に拳に乗る。だから一見軽いのだが、実際は重いのだ。

また、人は無意識的に見た目の雰囲気に反応するという働きがある。ゴロフキンのパンチは一見軽そうだから、肉体はさほど防御態勢を取らない。この無意識的現象も相まって、ゴロフキンのパンチは効くのである。

教室に来る、色々な格闘技の選手たちには、「腕から力を出すには肘のコントロールだ」と口が酸っぱくなるくらい話し教えている。それを明確に実現していた選手がいたのだから、これほど良いお手本はない。早速、皆にメールを出したくらいである。

“30年”

身体として、というのは、ボクシングの世界にある独自の見解ではなく、という意味である。ボクシングの解説をするある人が「踏み込んで力一杯打ち抜く」というのが効くパンチだと話していた。

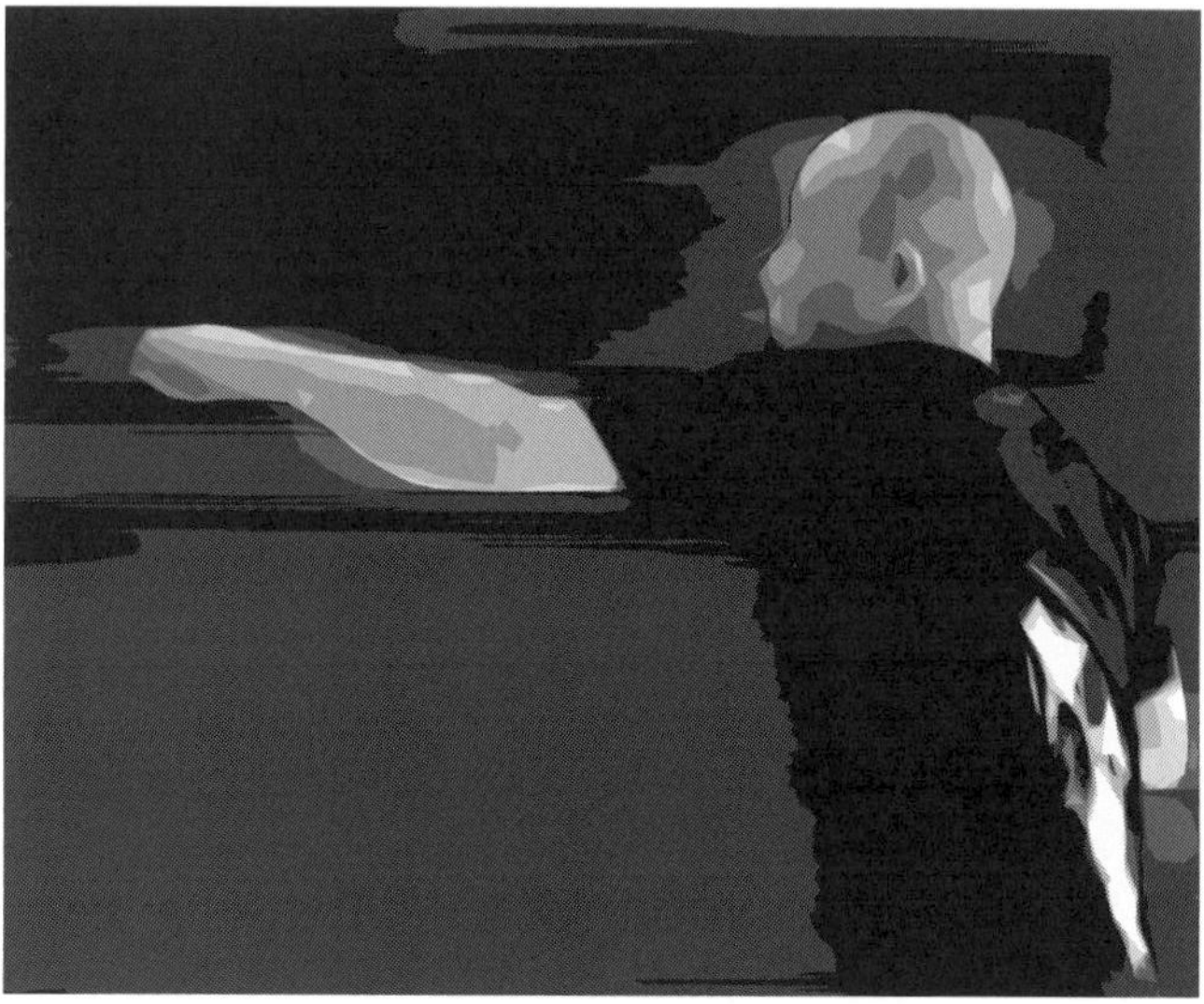

その話とは、ある意味正反対なのがゴロフキンだ。そんな情緒的な幻想ではなく、彼のパンチは具体的に「肘」が使われていたのだ。肘をきちんと使っているからのパンチ力だ。そして真っ直ぐ（垂直）に近い姿勢。足は歩くが如く。相手の攻撃を読まないからこその鉄壁の防御。

これらは、ボクシング独自のものではなく、身体というところから考えれば、そして武道から考えれば一番合理的なものである。

達人伊藤一刀斎は「身体の働きを使う」と記している。情緒ではなく具体的に身体の働きだと言うのだ。この言葉が、実は身体を使う全ての奥義だと気づくのに30年はかかった。スイッチ一つで、取り込める情報と、自分の力で獲得する情報とは、それほど時間の開きがあるのが

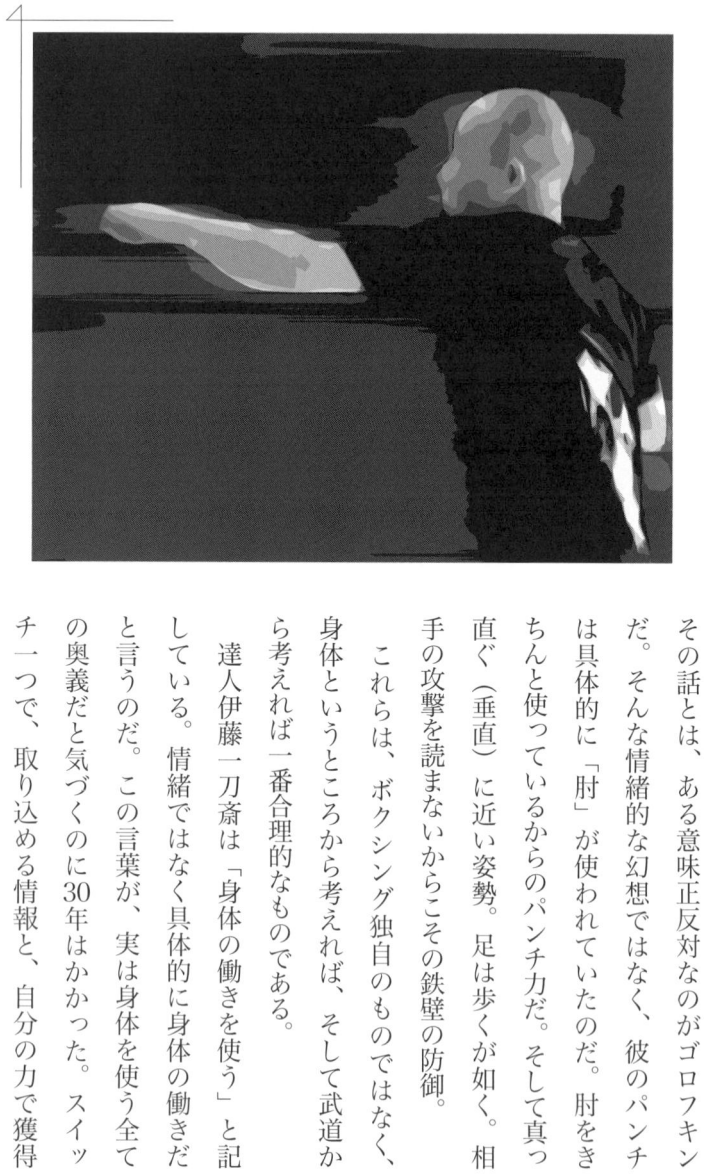

面白い。色々稽古をし考え、それにそってまた稽古をする。その結果一つの言葉に辿り着く。不合理この上ないような事だが、それがリアルな現実であり、自分自身の実力のほどである。しかし、スイッチ一つで知った情報よりも、自分の力で獲得したモノの方が当たり前のことだが喜びはある。と考えると、スイッチ一つで取り込める情報が多すぎて、そういった感情の動きが鈍化していくのではないかと思う。

いわゆる不感症だ。そう言えば、教室でもワークショップでも、感情の起伏の少ない若者が多い事が気になる。

ゴロフキンは肘を使っている、では他の選手は肘を使っていないのか、というとそうではない。誰でも肘は使っている、ただし「肘」を使っているのではなく、肘も動いている、という程度のものだ。

彼は自覚的に「肘」を操っており、まだ腕の力みは見えるが、それでも記録が示す通り、強烈なKOパンチとして表現されている。これで、腕の力みが消えていけばどうなることか……。余程のアクシデントがない限り、彼の王者は揺るがないだろう。

またゴロフキンはフットワークを使わない。いわゆるベタ足で、歩くようにして相手の正面に攻め入る。

つまり、足に力みがないということである。足に力みがないということは、リングから浮くことはない。つまり、自分の体重はしっかりリングに乗っているのだ。またフットワークをしないから、当たり前だが体重は浮かない。後ろ足の踵を上げないから、自分のパンチが相手にヒットした時の、跳ね返りはない。それらが全てパンチの威力と関わっており、何から何まで理にかなっているということだ。

正攻法で、とにかく攻める。身体が上下左右のブレなく相手の前に出るというのは、相手から見ればそれは相当のプレッシャーになるはずである。だから、相手はプレッシャーの中での攻撃だから、正確なものではない。それがゴロフキンの防御を確かなものにする。したがって、相手のパンチをあまり貰わない。当然顔がきれいだ。

どうして正面から入って、相手のパンチにさらされないのか。それは単純だ。相手のパンチよりも先に、攻撃をしかけているからである。つまり、不用意に、無意味に相手の前にはいない、という事である。

この何とも単純な事、そして当たり前の事を、黙々と訓練した結果がこの偉業だ。

もちろん、ボクシングというショービジネスから見た時、色々なスタイルの選手がいる方が、観戦する側として楽しい。ただ、ボクシングというスポーツでの技術というところから見れば、ゴロフキンのスタイルは正攻法そのものだという事である。

そんなことをスイッチ一つで、考えさせてくれる。有り得ない。ほんとに便利な世の中だ。こういった情報を活用しない手はない。自分自身の世界観の狭さも教えてくれる。知らない事、誤解している事が多い事に驚く。

もちろん、知ってどうする?・という事も山ほどある。取捨選択する力が必要だ。という事も考えさせてくれる。楽しい世の中なのかもしれない。

5 「それは『絶対諦めない』という気持ちと極限まで高まった集中力の力」

選手の表情や言葉からも感じられた「強さ」

4年に一度のオリンピック。いつ見てもオリンピックは感動する。アスリート達は、その日を目指し切磋琢磨する。シンクロなどは一日12時間練習してきたという。

その情熱を生む意志が、それこそ心身一如状態を作り出す。全てのアスリート、全ての競技はそんな研ぎ澄まされた瞬間を持つから、目が離せないし、感動を呼ぶのである。

そういえば、私は中学生の時、体操競技をしていた。もちろん、オリンピックを狙うなどという大それた目的ではなく、女の子にもてたいが為のものだった。その不純な動機を純粋に貫いた。その時の練習時間を思い出せば、クラブ活動だから学校で3時間程、そして、下校をしてから近所の公園で鉄棒だけ行った暗くなるまでの数時間だった。

しかし、一度試合に出て良い成績を取ってからは、下校してから先輩のいる高校に行き、練習をさせてもらっていた。その頃になると、一日8時間は練習していただろうか。それは当然、結果に結びつく。そうなると、また練習にも熱が入り、いつの間にか「女の子にもてる為」という思いは消え、各種目の技の完成に焦点を合わせていた。誰よりも練習することが、良い結果を生み出す、という図式はこの頃に植え付けられた。

ましてや、オリンピックでメダルを獲る、という目的を持ったアスリート達は、子供の頃から相当の練習量を積んでいる。そういった子供の頃に、一つの目的や目標を持つ人を羨ましく思う。何よりも、充実した時間を生きているからである。

しかし、今回のリオ・オリンピックは、いつになく感動の連続だった。柔道や女子レスリング、バドミントンの大逆転劇、卓球男子の健闘。88年ぶりという陸上のトラック種目での銀メダル。どれもこれも素晴らしく、日本国中睡眠不足になったのではないだろうか。

感動の原因には色々あるが、私が勝手に気付いたのは「日本人のこころが強くなった」という点だ。どの種目にしても、「諦める」という雰囲気が無かったこと。それは、世界のトップ選手に負けない練習量や取り組み方をしている、という自信の現れのような気がした。

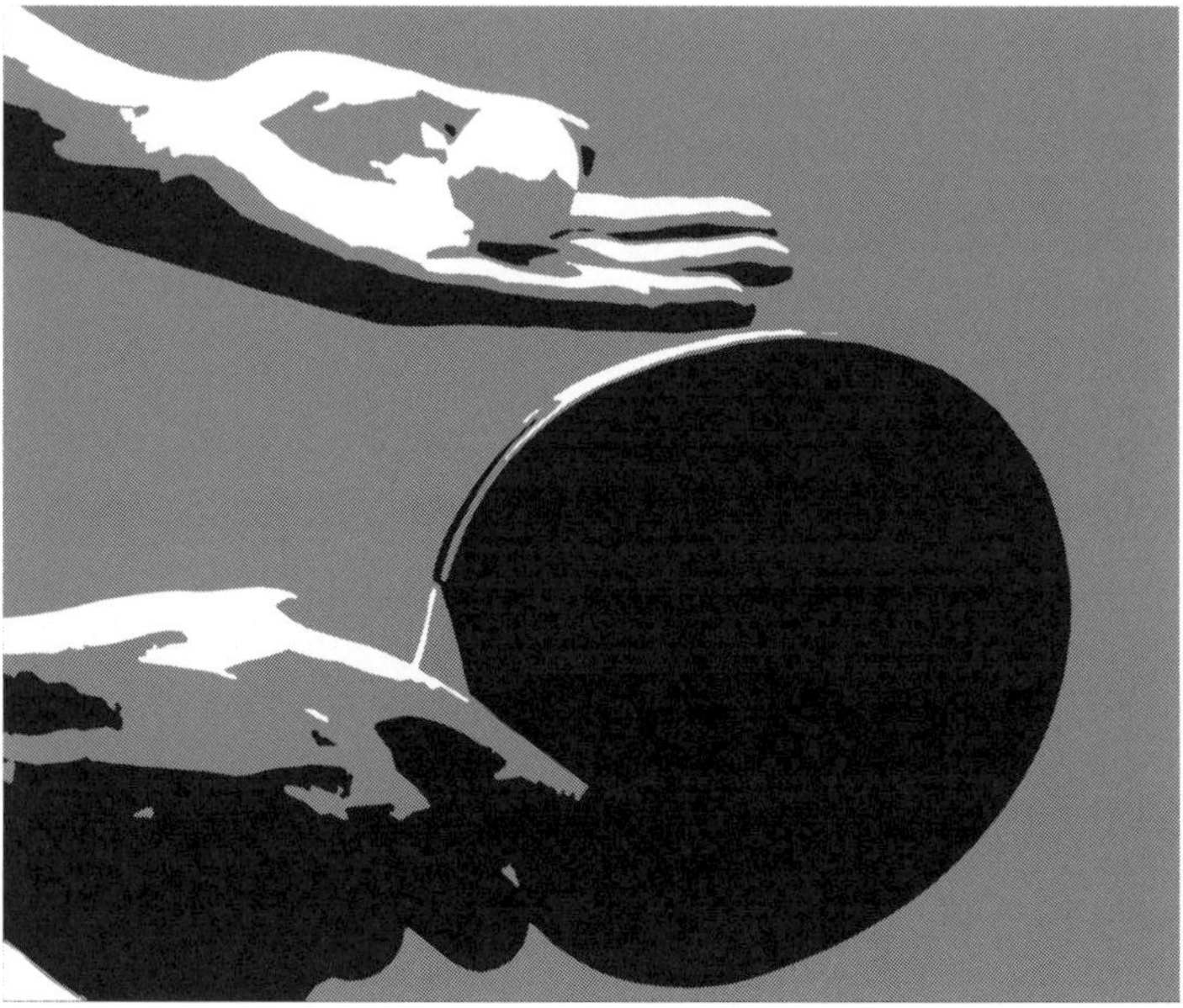

　そして、大きく様変わりをしているのが、深刻な表情の選手が見当たら無い事だ。体操の白井選手や、男子卓球の水谷選手、陸上のケンブリッジ選手他、多くの選手の表情や、自己表現が豊かになっていることだ。
　圧巻は卓球女子の伊藤美誠《みま》選手。15歳だそうだ。卓球そのものも素晴らしいのだが、どうしてこれだけ明確に話せるのか、という点でも驚く他は無い。インタビューに応じるコメントは、いわゆる15歳のものではない。自分がやるべき事、目的や目標の明確さが、それを創りだしたのだろうと思う。
　それぞれの試合後に行われるインタビューにおいて、どの選手も明確に答える、その姿を見ているとそうとしか思えないのだ。それは、アスリートの世界は、幻想の欠片も無い世界だからである。

それは奇跡ではない　勝てた理由が必ずある

卓球の石川佳純《かすみ》選手は、こんなことを話していた。２００９年の世界選手権で、当時16歳の石川選手は世界ランク99位で、10位の帖雅娜選手（香港）と対戦した。石川選手は第3ゲームまで全部負けて、第4ゲームも3―9と大きくリードを奪われた。あと2点で相手の勝ちが決まる。

「しかし、そこから挽回して、逆転勝ちした事がある。それを見ていた方は『奇跡だ』と感じたと思う」

ここからが一般的には、感じ得ない言葉が並ぶ。

「それは奇跡ではない。勝てた理由が必ずある。それは『絶対諦めない』という気持ちと極限まで高まった集中力の力だ。集中しきった時から、ボールがすごくゆっくり見えて、普段見えないボールの回転まで見えた。そして打つ前に『これは絶対に入る』と思うと、必ず狙ったところに入った」

まるで昔日の武道の達人そのものではないか。もちろん、逆にそうでないと長さ2・74メートルの長さしか無い卓球台で、初速１９０キロとも言われるボールを打てないのではないかと、素人の私には思える。

子供の頃から、その世界に入り、世界の頂点を目指しトレーニングを重ねる。結果、いわゆる反射神経は鍛え上げられ、私達一般人の比ではないだろう。

しかし、世界大会やオリンピックという、日頃の試合ではない特別な試合の時、実力以上の力を出すのが、大方のアスリートだ。多分、この卓球の初速190キロというのは、平均値であって、こういった大会の時のものではない。だからこそそのミスが出たりするのだ。だから、石川選手の語る「諦めない気持ち」と「集中力」が高まりきった時という、状態が必要なのだ。ボールはきっとゆっくり見えたのだろう。

その昔、野球の神様と言われた巨人の故川上選手が、ボールが止まって見えると語っていて、そのことを第三者は嘘だ妄想だ、有り得ないと騒いでいた事がある。〝その状態になれば〟きっと止まって見えていたのだろう。因みに私は、止まって見えるのだろうと信じていた。もちろん、そこに根拠などなかったが……。しかし、根拠と言っても、それは所詮後付けのものでしかない。実際のところ、どうなのかは全く分からないのだ。しかし、大方の人はその根拠という妄想を大事にする。それが私には全く分からない。

そういった、それぞれの競技の持つ特色が、アスリートの精神や集中力を限りなく高めているのだ。バドミントンの逆転劇は、見るものからすれば、それこそ「奇跡」だったとしか言いようが無い。

追い込まれているのに、表情一つ変えない高橋選手と、松友選手。見ていて「終わった」と思った。やっぱり、最後はこれでずるずる負ける、と思った。

しかし、プレーは「終わった」ものではなく、「諦めない」ものだった。アッという間に追い付き、そして勝利をもぎ取った。思わず「よっしゃー」と叫んでいた。高橋選手は前日に、レスリングの伊調選手が逆転した試合を見ていて、気分を奮い立たせていたという。追い込まれている試合の最中、そんな事が頭を過ったという。

こころが強くなった、というのは、この「諦めない」気持ちが作り出しているのだ。それは、私達の言う諦めないと同じ意味ではないだろう。その状況において「諦めない」というのだからだ。

それが卓球男子の、会場全体を巻き込んでしまうくらいの気迫、レスリングに見る逆転勝利であり、体操の失敗からの立ち直りなど、本当に仕組まれたドラマを見ているようでもあった。

どの種目も、テレビを見ていて、思わず声を出さされてしまった。水泳では喉が枯れてしまった程だった。日本は本当に強くなった。

しかし、不安もある。それは日本人が強くなると、直ぐにルールを変えてしまう、各競技を統括する協会や連盟の存在だ。どこまでいってもいじめられっこの日本なのだが……。それを払拭するのはいつの日になるのだろうか。

6 「不思議なる極意ばかりを尋ねつつ、表にあるを知らぬはかなさ」

隠されていた「表にあるを知らぬはかなさ」

「不思議なる極意ばかりを尋ねつつ、表にあるを知らぬはかなさ」

どの本だったのか忘れてしまったが、私の好きな言葉の一つである。成る程、何も分からなくてガムシャラにその道を突っ走っている時、あるいは、突っ走っている途中の時、こういった思いが頭を駆け巡った。もちろん、私の場合は、だが。しかし、もう少しその事を思い出してみると、もっと入口から思っていた事に気付く。その道に入り、いきなり壁にぶち当たる、そんな時だ。そして、その「不思議」はどこかにあるのではないかと探し回っていたのを思い出した。考えれば、もしかしたら私は、そういった事の繰り返しの人生だったのかもしれない。ほんと、喉元過ぎれば熱さ忘れる。子供の頃から認知症だったのかもしれない。

中学生の時、器械体操を始めた。いきなりあった壁は「蹴上がり」という、いわば技だ。先輩のやっているのをいくら見ても出来ない。そもそも真似ようとしても、真似る事の出来る身体にはなっていないからだ。もちろん、当時はそういった理由は分かってはいなかった。だから、直ぐに「これは無理」となる。この諦めの速さが、私の長所であり欠点でもある。この諦めるという中には2通りある。一つはこの方法では駄目という諦め。一つは、このジャンルは私には向いていないから、他のジャンルを探す、という諦めだ。いわば、職業を変えるような事だ。

蹴上がりの場合は、前者の諦めだ。この時に「不思議」を求めたのだ。ただ、この場合の不思議は、コツのようなものだったろう。もちろん、中学生ということもあり、ネットもないから不思議という情報を求める場所が殆ど無い。そして、私の性分である、人にアドバイスを求めるのが嫌い、があるから、それは絶対にしない。私は、まず図書館に行き、体操の情報が無いかを探した。そこで見つけた一冊の本が、コツになった。結果として言えば、そのコツを掴むために費やした時間とエネルギーは、「蹴上がりが出来る身体は出来ていない私の身体」を超えさせたのだ。つまり、先輩たちは床運動や平行棒、跳馬という、全ての種目を練習しているから作られた身体を持っている。その全種目を満遍なく練習していた、という時間を超えることは出来たということだ。

この蹴上がりが実現するコツを掴んだというのは、結果として様々な種目にある技を実現させるには、もってこいの身体操作法だった。だから、何一つ他の種目は出来なかったが、それこそ恐ろしく早いスピードで、床運動や他の種目も試合に出られるくらいには仕上がったのだ。ここに「表にあるを知らぬはかなさ」が隠されていたのだ。もちろん、当時は知る由もなかった。

脱線するが、言葉というのは、そういうものだ。というのは、この「不思議なる極意ばかりを尋ねつつ、表にあるを知らぬはかなさ」という言葉を知ったから、これらの事を思い出し、それを改めてこの言葉という視点で探ることが出来たということだ。だから、この言葉に出会えなければ、分からないいまま、あるいは、知らないまま私はあの世に旅立っていると思う。

蹴上がりで言えば、表は蹴上がりそのものだ。しかし、蹴上がりという運動の要素は多岐に渡っている。その要素そのものが、他の種目の習得を容易にさせたのだ。という関係があるという事を示唆しているのがこの言葉である。

「これや!」と、心に響いた事が何かを成す為の極意

そしてジャズドラマーになった時だ。まるで左手が自由に動かない。どうしても右手に連られて

しまう。何よりも、左手そのものでスティックを操れないという、これも本当に入口にある相当大きな壁だった。それは、私達ジャズドラマーの全てのボーヤ達が抱える問題でもあった。今のように、ドラム教室が有るわけではないし、そんなところで習うほど時間に余裕は無い。時間に余裕は無いというのは、直ぐに出来なければ給料が貰えないからだ。その意味で、「ドラムが好きで」というアマチュア時代などなく、いきなりプロ見習いなのだ。

ボーヤ達は、「左手が自由に動く薬が100万円（一般サラリーマンの初任給が2万円程の時代）だとしても、絶対に買うよな」が常に有る一致した意見だ。それ程、ボーヤ達には切実な問題だったのだ。当然、薬に匹敵する不思議を求めた。もちろん、ある筈もない。ただひたすら練習するしかなかったのだ。メトロノームを聞きながら、教則本を前にし、ひたすら練習台に向かう。こんなことを、真剣にやってられる筈もない。いくら仕事だと思っても、面白くも無いことをやれる筈もない。それが私だ。受験勉強を一生懸命にやれた人とは大違いなのだ。例のごとく、直ぐに諦めた。別段好きでもないジャズを職業として選んだ私が馬鹿だった。しかもやったこともないドラムを選んでいるのだ。もちろん、後悔をしたのではなく、自分を笑ってしまったのだ。「アホやんけ」と。

そこで、方向を切り替え、「ジャズ」という音楽を好きになれるようにしようと決めた。ジャズをたっぷり聞けるには、レコードが必要だ。であれば、ジャズ喫茶だろうと、朝、モーニングコーヒーの時間から、仕事が始まる夕方5時まで、たっぷりジャズに浸ることにし、毎日通った。練習にも熱が入らない日が3ヶ月ほど続いたある日、何時ものようにジャズ喫茶に向かった。向かう途中で、いきなり雨が降り、しかも土砂降りだ。雨宿りをしようと道路脇の軒先に入った。すると、どこからかジャズが聞こえて来た。「あれっ」と思った。今までジャズ喫茶で聞いていた音とは全く異なる音だった。音の方向を探すと、何と軒先を借りていたところがジャズ喫茶だった。その音に吸い寄せられるようにドアを開けると、音の大洪水がタバコの煙と共に私を襲った。大きなスピーカーの前の席が空いていていたので、そこに腰を下ろした。

忘れもしない、ジョン・コルトレーンの「マイ・フェイバリット・シングス」ビレッジバンガード版だ。恐ろしく強烈な音の塊が、本当に襲いかかってくるのだ。ただひたすら、その音に取り込まれていった。ふと、我に返り夢遊病者のように立ちレコードの名前を見に行った。「これや!!」ジャズを大好きにならせてくれたのは、ジョン・コルトレーンだった。もちろん、スタンダード・ジャズではない。当時は前衛ジャズと呼ばれていたものだ。テンポもなければ、コード進行もない。集合即興演奏という形式だ。

その日を境に、練習は一変した。同じ教則本に取り組むのだが、その無機質で面白くもない練習が、楽しいものに変化したのだ。1日30分も練習台の前に座れなかったのが、10時間、12時間となり、驚異的に技術を身に付けていった。おかげで、初めてスティックを握ってから、わずか8ヶ月で、ボーヤをしていたジャズ・コンボのレギュラードラムの仕事を得た。その3ヶ月後には、関西で有名なアルト奏者から招聘を受け、フェスティバルに出られるようにもなった。

ここでの極意は「これや!」と、心が響いた事だ。全身全霊という言葉しか思い浮かばないが、それが「これや!」と言わしめたのだ。つまり、それが人が何かを成し得る為の極意だということだ。それさえあれば、あらゆる壁を乗り越えて行くことが出来るということだ。

壁を乗り越えるのは、理屈ではないし、何がしかの理由ではない。この事を明確に体感させてくれた、私にとっての事件だった。

7 「身にあたらぬつもりを、とくと合点して、おどろかず、敵にうたるる也」

「成程」となるために根気強く追求し続ける

「～人にきられぬ事は成りがたき物也。人はきるとおもふて、うちつけうとも、ままよ、身にあたらぬつもりを、とくと合点して、おどろかず、敵にうたるる也。敵はあたるとおもふてうども、つもりあらば、あたらぬ也。～」

柳生流の『兵法家伝書』（1632年）に書かれてある言葉である。

こういった本を何度読み返しているか分からない。30年は読み返しているだろうと思う。一番古いのは『剣と禅』（大森曹玄著・春秋社）だ。この本が私の武道への入口になった本だ。これらの本は、私にとっては、どんな文学の名作よりも味のある本ということになる。この類の本は、どの本を読んでも「成程」である。もちろん、「成程」となるのに30年以上は費やしているということでもある。その事が実際として出来るようにならなければ、「成程」にはならない。もちろん、この「成程」もレベルがあり、根気強く追求して行かなければならないのだが……。「成程」以前は、「理解した」というレベルだ。いわばＡＩのレベルだということだ。そこに実体が伴った時、ようやく「成程」となるのだ。だから「成程」の中身は、言語化出来ない事の方が多い。だからこそ「成程」であり、理解とは異なるところだ。

「人はきるとおもふて、うちつけうとも、ままよ、身にあたらぬつもりを、とくと合点して、おどろかず、敵にうたるる也。」

この一節だけでも、相当面白い。「うとう」という意識は、相手に気付かれてしまうと同時に、全身に力みが入る。そのことにより、目測と身体の動きが狂ってしまうから、「斬られるとビクつくな」ざっくりと言えばこういうことだ。

これを知る為には、何年間か「斬る」という意識を強く持ち、斬り込むことをしなければならない。もちろん、その時に、受け側の人が微動だにしない事が条件になる。でなければ、目測どおり身体が動かないという事の実際が分からないからだ。ここでは、微動だにしないと書いたが、それは客観的に見た印象が微動だにしないだけであって、実際はここで書かれてある「おどろかず、敵にうたるる也」でなければいけない。

この事は、私自身が50年ほど前に気付いたことでもあった。もちろんその時は「斬らせれば良い」ではなく、「殴らせれば良い」だが、そうしなければ相手の攻撃を確定することができない、と考えたのだ。これは、その後お付き合いをさせて頂くことになった、武神館・初見良昭宗家も「斬らせなくっちゃ駄目だよ」とおっしゃっており、それを聞いて、私が探している方向は間違っていなかったと安堵したものだ。もちろん、この兵法家伝書に書かれてあるのを読み、「よっしゃぁ！」と飛び上がって喜んだものだ。

また、何度も読み返すというのは、記憶の為のものではない。逆に、読み返す度に新鮮な発見があるからだ。それは、一つの解釈で稽古を続け何かしらが身に付く。そういった事を繰り返している時、ふと「あの本に書いてあったな」と思い出し読み返すのだ。そうすると、「何や、全然違った」となったり「やっぱり」となったりしながら「ああ、そうか」となる時もあるのだ。そんな、新鮮な体験をするから、何度も読み返すのである。いわば、私にとってはバイブルなのだ。不思議なのは、発見のない時には何故か読み返そうとは思わない事だ。もちろん、後付けの結果論なのだが。

この『兵法家伝書』や『五輪書』というような伝書の類には、人の意識の働きや感情が、身体に与える影響を具体的に記した言葉が多い。そこが体験的に書かれていることであり、著者が到達し

ている境地だと信じるに足りるところである。しかし、この「敵にうたるる也」という精神的な姿勢を外国で説明するのが非常に難しい。

最初に戸惑ったのは2005年のフォーサイス・カンパニーでの時だ。フォーサイスをはじめダンサー達が、私がダンサーと向き合っている姿を見て、「日野、その姿勢を教えて欲しい」と、姿勢の何かに気付いたのだ。それは、彼らの話から「存在感」だと知った。最初は単純に「斬らせるように立っているだけだ」と言ったが、その「斬らせるように」という言葉が彼らには理解できないのだ。「じゃあ、自殺するのか」等と質問が飛ぶ。「何でやねん」なのだが、何も分からない外国のダンサーにとっては「斬らせる＝自殺」になるのだ。散々説明するのだが、その説明に対しての質問の意味が分からなく、四苦八苦した。

その時に、私がこの言葉を暗黙の裡に、あるいは、無意識的に気付いている処が大部分を占めていることに気付いたのだ。その場では、何とか説明したが、私自身が納得出来なかったので、宿題として頭に置いておくことにしたのだ。もちろん、現在も、それに見合う言葉は発見していない。その意味で、まだまだ「成程」ではないのだ。

「けん玉を扱えば、けん玉仕様のからだになる」

当たり前の事だが、これらの伝書は体験的に書かれている。ということは、稽古をする私自身が、書かれてある言葉を導き出せるのか、という一種の謎解きであり、それを稽古という実際を通して行わなければならない。もちろん、それは私が選んだ「武道への道」であって、それが正しいというのではない。「私はそうしたい」それだけである。

ここに別の角度から切り込んだヒントの言葉が登場した。それが度々紹介している直心影流の「後来習態の容形を除き、本来清明の恒体に復するにあり」と残されている言葉だ。この内容は、幕末の剣豪白井亨の日記にも書かれてある。師と立ち会って、師から言われた言葉として記されている。しかし、意識と身体という事に関しては、伊藤一刀斎の言葉「からだの機能と働きを十分に使うことが剣の妙」と記していたのが、私にとっても最大のヒントになっている。

面白いことに、先日現代においてこの言葉と同じ匂いがする言葉を読んだ。「けん玉を扱えば、けん玉仕様のからだになる」と、友人のダンサーの公演を見た評として新聞に書かれていたのだ。後日、当のダンサーと会って、この記事の話になり「只者ではない」と書いた人に驚いたものだ。この文章では「けん玉仕様のからだになる」というところが、意識と身体の関係性を語った本質である。自分自身が身体を操ろう、管理しようとした時、けん玉をうまく操れない。しかし、けん玉を知り、そのけん玉にふさわしい動きを探していくと、易々とけん玉を扱うことができる。至極当たり前のことなのだ。

現代では、「ではどういう風に動けば良いのですか？」と答えられない答えを求められる。もちろん、当人はそのことが分からない。だから「やってみれば分かる」とか「やれるようになった時に、答えが出ている」と答えると、不親切な人だと思うし、諦めてしまうのだ。大事なことは、自分が自分の力で答えを出す。あるいは、答えを出す方向に努力する。その過程に書かれてある言葉の真意が潜んでいるのだ。

8

「戦場では、覚えなければ死ぬだけですから」

60歳の時と違った、71歳のドラミング

先月、約2年ぶりに愛宕にある武神館本部道場を訪ねた。既に稽古は始まっていた。私が玄関の扉を開けると、道場から溢れて玄関先で稽古をするお弟子さんと目があった。「ご無沙汰しています」と相互に挨拶。お弟子さんが、直ぐに初見宗家に私の来館を伝えてくれた。

「日野さん、どうぞどうぞ」

何時もの声、何時もの響きが時間幅を忘れさせてくれた。

「先生、ご無沙汰しています」

「どうぞ、お座り下さい」

何時ものように、宗家の横に席を用意して頂いた。

「先生、何時までもお元気でいてくださいね」

「いえいえ、もう何時いってもおかしくないですよ」

と何時もの大笑いだ。

初見良昭宗家、88歳（本稿掲載2019年時）。今でもお弟子さん達に稽古を付けておられる。この日も道場一杯の外国からのお弟子さんを相手に、様々な技を繰り出しお弟子さん達を翻弄されていた。

「足で受けるのですよ、手で受けちゃ駄目ですよ」

大きなお声を聞き、お元気そうなので何故かホッとした。

春に妻の父が亡くなった。奇しくも初見宗家と同い年だ。最期迄の2、3年は、病気の為に病室ぐらしだった。それまでは元気にあちこち飛び回っていたので、病床で寝たきりはきっと辛かっただろうと思う。1年前、病状が少し好転して来たので、医師に無理を言い鹿児島の病院から、生活をしていた大阪までの旅行を実現させた。生前は、趣味で競艇をやっていたので、その競艇場へも行った。車椅子だから、介助をする妻や妻の妹達は大変だったと思う。

そんな事も頭に浮かんでいたので、初見宗家のお元気な姿を拝見したくてお訪ねしたのだ。

88歳で武道の稽古を弟子につける。素晴らしいではないか。次から次へと繰り出す技は、60歳代のものとは完全に異なる。

私はまだ71歳だが、先日のドラムコンサートの折、気付いた事がある。60歳代の時、もう十分に力は抜けているだろう、と高をくくっていたが、何の何の、71歳でドラムを叩いた時、全く違う叩き方をしている自分があった。実は、60歳の時は力が抜けていなかったのだ。これに気付いたのは、武道ではなく10年ぶりのドラムだったからだ。もし武道なら気付いていなかったかもしれない。

10年前は、身体は動いていると感じていただけで、まだまだ私が動きの主導権を握っていたのだ。今年は、まさしく身体は動いていた。それは、1時間30分の演奏を終えた時、過去の疲れとは全く違う疲れが出たので気付いたのだ。いわゆる肉体の動きとしては、全く疲れていなかった。しかし、演奏する為のアイディアを生み出す為の意識が、疲労の極になっていたのだ。

本当の「あるがまま」を初見宗家の姿に見る

初見宗家の稽古を見ていると、気配はそれこそ完全に消えていた。「そうか、こうなるのか」とため息が出た。枯れるという事ではない、雑味が一切無いのだ。「こうしよう、ああしよう」というよ

うな事が全くなく、そのまま、これこそ「あるがまま」に「流れるままに」という感じだ。

若い人達や巷では「あるがまま」とよく使われているが、それは悪い意味での「あるがまま」だ。悪い意味でというのは、何も躾けられていない状態そのままの、「あるがまま」だ。放ったらかしという事だ。「あるがまま」とは、初見宗家のように「技術」を身体に躾けた後の姿や在り様の事だ。身体技術を習っている当初は、誰であっても例外なく意識的な動きしか出来ない。それが身に付き、何時しか、まるで持って生まれた動きのように成熟していく。しかし、そこにはまだ「こうしよう・ああしよう」という意識が残っているし、その意識が身体全体を成熟させていく。まだ「色気がある」時期だ。それが無くなった時、いや、それを忘れてしまった時に、そこに現れるのが「あるがまま」という状態なのである。巷にあるような「あるがまま」など、誤解も甚だしいのだ。そんな事も、初見宗家の演武は示唆してくれていた。

１９９７年、今から22年前の春は、私の武道探求にとって忘れられない年だ。武神館宗家初見良昭師の稽古を初めて拝見させて頂いた時だ。この事は当時の本誌にもレポートを書いた。その時点から14、15年前に、ビデオで初めて初見宗家の存在を知った。それも、友人が持ち込んだビデオで知ったのだ。

「日野さん、どう思います?」

友人は武道を研究しているが、武道の専門家ではないので、私がどう見るのかを知りたくて持って来たのだ。「こんな凄い人がいるんやなぁ」と驚いたものだ。同時に私自身が独自で探求していた事が、間違っていなかった事も確認できたから、狂喜乱舞したものだ。もちろん、現れは全く異なるが、対敵との関係性の本質は、私が探求している事と合致していると直感したのだ。

そうなると、どうしても初見宗家にお会いしたい、実際の稽古を見てみたいと思うのが人情だ。しかし、当時の私は道場建設やその資金作り等でも、相当忙しい時間を過ごしていた。もちろん、稽古もある。そんな中で、どうすれば、初見宗家とお会いしお話を聞く機会を持つ事が出来るのか。

そんな欲求が頭の中に住み着いた。

その後縁あって、本誌「秘伝」に連載記事を書く事になった。それがいみじくも、初見宗家との対面の役割を果たしてくれたのだ。初めてお会いした時は、東京武道館での稽古だった。ビデオで知る動きや、棒を使った稽古を拝見した。初見宗家は時々私のそばに来られ、何を稽古しているのかを解説して頂いた。しかし、不思議に思ったのは、どう見ても教えているようには見えなかったのだ。それを初見宗家にお聞きすると、初見宗家は「教えているのではなく、伝えているだけです」とキッパリおっしゃった。続いて「でも、教えなければ出来ないのではないでしょうか」と、日本の風潮や教育システム的な質問をした。初見宗家は笑いながら「戦場では、覚えなければ死ぬだけですから」とおっしゃった。この言葉から強烈なインパクトを受けた。

「そうか、お稽古をしているのではないのだ」

その時初めて、初見宗家の海外のお弟子さんは、各国の軍関係者やCIAにFBIといった人達が多い事を知った。どうして、専門家が初見宗家に学ぶのか。お稽古ではないからだった。この稽古の日も、日本の方は殆どいなくて、海外からの人達が殆どだった。記事を書き上げ、初見宗家に原稿掲載の許可を貰った。私の記事は、初見宗家にとって的確だったようだ。だから、この日をきっかけに、初見宗家とお付き合いさせて頂く事になったのだ。

第3章

修得・成長のコツ

1 「自分なり」の精度を、「つもり」が落とす。

〝自分なりに〟という落とし穴

「自分なりに頑張っています」「自分的には、しています」

よく耳にする言葉だ。なるほど、その人なりに頑張っているのは分かるが、こちらが指示したことや、その人が描いている理想とはかけ離れたこと、あるいは、その人が言葉に出したこととは、全く違うことをやっているのをよく見かける。

相手に伝わらなければならないこと、例えば仕事での会話や、重要な発言。そういった場合にでもこの〝自分なり・自分的〟を用いている。武道の教室でも、ダンスのワークショップやパフォーマーの為のセミナーでも、様々な社員研修でも同じだ。もちろん、上手下手、出来不出来の事ではない。

どうして、そういったちぐはぐなことになっているのだろうかと、何時も考えさせられる。つまり、自分以外からの情報をどう処理し、どう自分のものにしているのか、という問題、あるいは、自分自身の発する情報、つまり、欲求なり思い付きなり願望なりを、どう外部に発信しているのか、という問題である。

先日も、ある会社で研修をしていて、「あなたは他人の話を聞いていますか」と問わざるを得ない態度をした若者がいた。「では、相手の人、彼はあなたの話を聞いてくれていると感じますか」「いいえ、話を聞かずに、ただ突っ立っているようにしか見えません」

「第三者から見ればそうかもしれませんが、私は私なりに相手の気持ちに親身になって聞いています」と、何とも矛盾に満ちた言葉を吐いた。親身になっているのであれば、相手から聞いていないように見えるはずは無い。つまり、親身になるとは「行動」のことであり、脳内作業で自己完結することではないからだ。彼は〝親身になる〟という言葉を知っており、それを頭の中で呪文のように繰り返していたか、親身になると思っていただけなのだ。自分なり・自分的の典型例である。

〝自分なりに〟もちろん、それは本質的には間違ってはいない。人はどこまでいっても自分なりにしか何も出来ないからだ。なぜなら、全ては自分の事は〝自分がやる〟しかないからである。人は、自分が自分に指令を出し、その通りにしかしないし、出来ないからである。

ドラムを叩けるようになりたければ、それを自分が練習しようと自分に指示を出し、自分が実際に練習をしなければ、自分は永久にドラムは叩けない。という極々当たり前のことなのだ。先の例で言えば、相手が〝自分の話を親身になって聞いてくれている〟と感じるように聞けなければ、相手は絶対に聞いてくれていると思わない、という当たり前のことだ。

自分が何かを出来るようになりたければ、それを実際としてやり続けていくしかない、それも〝自分なり〟にである。

〝客観的〟視点

では、その自分なりにの何が問題なのか、だ。それは「自分なり」の「自分」、つまり、自分に対して指示を出している自分の精度が問題なのだ。その自分なりの実際面の中に「つもり」が混じっていたり、そのつもりの割合が高ければ、その「自分なり」の精度は落ちる。それは、「つもり」だから自分の中だけで全てを完結させ、実際の作業なり行動なりが伴っていないからだ。

ここが混乱していることを分かっていないのが、精度が悪い原因だ。

そういった場合、必要になるのが、検証の手段、つまり「自分は何をしているのか」に対して、

客観的な視点を持つ必要がある、ということだ。でなければ、レベルによってではあるが実現は望めない。つまり、自分が実現したい夢なり理想なりが高ければ、成長が望めないから無理だということだ。もちろん、それらの為の実際としての第一歩から、実現の階段は上っていないからである。

客観的な視点を持つことで、「つもり」の自分から、「本当にしている」自分に成長するのである。「自分なりに」の自分を成長させるということだ。

しかし、自分は何をしているのか、を知るのは難しい。それは、自分の行っていることを観察するのが自分だからだ。自分というフィルターがすでにかかっているからである。自分というフィルターとは、「自分が自分の都合の事だけを思っている」というフィルターだ。自分の行っていること全てを見るのではなく、自分の焦点を合わせたところだけを見てしまう、というフィルターである。

簡単に言えば、似合わない服を着ていたり、似合わない化粧をしていたり、である。何故そうなるのかは、鏡に自分を映し見るのは、例えば服を買ったとしたら、服だけを見ていたり、目を念入りに化粧をしたとしたら、目の化粧をしたそこだけを見ているだけで、自分の姿全体を見ていない、というようなことだ。

という複雑な構造を人は持っているのである。

〝つもり〟からの脱却

自分のやっていることを分かっていない。当然、自分のやっていることから起こっている、他人のリアクションを全く無視しているから、自分のやっていることを信じて疑わない。となると、そこに必要なものは何か？　やはり客観的な視点である。しかし、それを持っていないから、自分の間違いを間違いだと思わないのだ。であれば、本当に客観的な視点、つまり、他人が必要なのだ。

それを友であれ、師であれ、仲間であれ、何に求めるか、何を選ぶかは自由である。そして、その他人の言葉に耳を傾けるということが大切だということだ。友を選べ、仲間を選べということだ。

不思議なことに、人は自分のことは分からなくても、他人のことはよく分かるからだ。

人は元々どんな世界ででも、逞しく生きられるように出来ている。変化に対応できる動物なのだ。しかし、対応能力を妨げるものがある。それが「つもり」だ。つもりは、つもり以外の何者でもなく、本当に、ではない。「つもり」なのだから、当然実体験の積み重ねが出来ない。「つもり」は、実際の社会や人生ではない。そこに早く気付いて「つもり」の自分から「本当に」の自分に目覚めて欲しい。くれぐれも目覚めている「つもり」ではなく。

2 分かるまでやる。それが1年2年かかろうが。

知る・出来る・分かる

教室には、競技ダンスのトーナメントプロも来ている。その人が、稽古を終え食事中に話したことだ。あるトーナメントの会場で、世界チャンピオンが、毎日2、3時間同じ事を繰り返し練習していたそうだ。しかも、ある短いステップの途中までだ。それを見ていて不思議に思いチャンピオンに、「どうしてその中途半端な稽古をしているのか」とたずねた。そうすると、チャンピオンは「コーチに言われただけで、その意味は知らないし分からない。ただ、やり続けていたら自分で気付くのでは、と思ってやり続けている」と言ったそうだ。

さて、これは間違っているだろうか。

逆に意味をコーチから聞いて知っていたらどうなるだろう。意味を知っているから、習得時間が短縮できるだろうか。そんなことは決して無い。こと身体の技術は、身体に育まれた知能と関係するだけである。もちろん、ずば抜けた身体能力を持っている人も稀におり、そんな人は即座に苦も無くこなしてしまうが、そういう人は特別だ。しかし、この場合問題にしているのは、指示されたことが出来ることだけではない。「意味」が身体運動を通して分かるかどうかだ。

そういった意味において、苦も無く出来たところで、それこそ全く意味を持たないのだ。出来たところで、意味が分かるはずもないからだ。ここが学校の勉強とは違うところだ。と、書いてくれば賢明な読者なら、何を書きたいのかが分かるだろう。

知識として意味を知ったところで、その知識は脳に貯金されるだけで、身体には何の影響も無い。そんなことは、普通に考えれば分かるはずなのだが、日本総納得病に侵されているから、誰でも先に意味を知りたくなる。何故なら、それを知らなければ不安になるからだ。

意味を知らない場合、指示されたことを色々と考える。どういう意味があるのか、を指示された運動を通して考える。この場合、そのステップを分解して考えたり、リズムを考えたり、体重の移動や姿勢などを考えるだろう。つまり、およそ自分で思いつくことは、全部考える材料にするということだ。ここで大事なことは、指示されたことを頭で考えるのではなく、身体で考えるという点だ。

今まで身体に蓄積されてきた情報を全部引き出し考える。もちろん、そのステップを通して。

ところが、意味を知っていたらどうなるだろう。そういう具合に自分の頭を使う、働かせるということはしないだろう。すでに納得してしまっているのだから。しかもほとんどの場合、言われた意味を鵜呑みする。つまり、自分の頭を働かせないということだ。

では、意味を知っている人と、知らない人が同時に始めた場合、何がどうなるだろう。意味を先に知っている人は、意味を「知っている」だけで、そのこととやっている運動とがくっつかないのだ。というよりも、くっつけようがないのだ。つまり、考えるという時間を費やす材料がないからだ。

しかし、知らない人はその人のレベルなりに、意味と、やっていることはくっついているということになる。どんなことでも物事を先に知る、というのは、そういうリスクを背負っている、ということを、それこそ知っていなければ危険なのだ。何しろ、自分の頭を使わないということなのだから。

分かるまで……

しかし、納得病ではなく意味を知り、身体で学ぶ方法もある。それは検証を用いることだ。意味

を知り納得し、納得したことを自分の身体を通して検証する、という方法だ。

これも私の教室に来る人の話だが、胸骨トレーニングが実を結べば、どんな運動でも楽にこなせる、という私の話を身体で確かめているのだ。もちろん、その人は、胸骨トレーニングを始めて10年以上になる。

一つは、その人が仕事でオーストリアに行った時、1日時間が空いたので隣の村まで歩いてやろうと考えた。隣の村まで約50キロあるそうだ。それを9時間で歩ききり、足は疲れた程度で、足取りは軽かったという。それはそうだろう、50キロを9時間で歩くといえば、相当早足だ。歩きながら、胸骨と背骨のつながり、胸骨と骨盤の関連、足の踵からつま先までの転び等を、ずっと意識しながら歩くのだ。

もう一つは、その人は通勤に自転車を使っている。住まいは都内だから、仕事場までもそう遠い距離ではない。その自転車で試しに箱根越えを試みたそうだ。やはり、そう疲れを感じなかったという。もちろん、これも同じで胸骨とグリップの関係、胸骨と膝の関係等々だ。それが病みつきになり、暇な時間があれば自転車で200キロくらいの距離を走るという。年齢45、6歳の科学者だ。つまり、日常運動不足が当たり前の職業だということだ。しかし、教室に来ると身体を動かすことを仕事にしている人よりもよく動く。

よくその人が教室で「ダンサーや武道をやっている人は、自分の身体で検証しようとしないのか不思議でならない、習っているだけでは何も分からないのに」という。自分の取り組んでいることが、本当にそうなのか、自分が間違っているのか、そんな事を分からなくてよくやれるよ、と、科学者らしい考え方を皆に言ってくれる。

と考えると、納得病もあながち間違っていないことになる。しかし、大方は前者になる。そこには大きな誤解が洗脳されているからだ。つまり、納得=出来た、という錯覚が、どこでどう間違ったのか知らないが、刷り込まれているからだ。その頭が、自分という人間の人生の主導権を握っているのだからやっかいだ。物事を知っているが、何も出来ない人生になる。

いずれにしても大切なことは、自分の頭を働かせることであって、他人の頭の中にあるものを覗く事ではない。利用出来る能力があれば、利用すればよい。しかし、覗くだけであれば覗けたところで、所詮他人のもので自分のものではないと判る必要がある。

冒頭の話の場合、分かるまでやる、という時間が大切なのだ。それが1年2年かかろうが、分かるまでやる、ということ。そこに同時進行としてある、練習量が大切なのだ。しかも、頭を使った練習量だ。そういった意味では、反復練習ではない。この練習の出来る人が少ないのが気になる。しかし、それは本人が決めることだから、他人の私が手を出せるものではない。

3 自分は一体何をしようとしているのか。

稽古に絶対必要なモノ

「入り口はどこだった?」

別段迷路ゲームの話でも建物の話でもない。教室で稽古をしている人を見ていると、同じところで立ち止まる人、同じ間違いを延々と繰り返す人が多い。

先日、そのタイプの人とじっくり話をしてみた。彼はやっている最中に「あっ、これは違う」と思う、あるいは感じるから、そこで止める。または、「どこが間違っているのだろう」と思いながらやり続けているという。その彼が「大分前の合宿のとき、先生が『どうして間違っているのに同じことを繰り返すのだ』と仰いましたが、それを分かっているのですが、そこから抜け出すことが出来ないのです」と言った。

それは、自分が「今、何をしているのか」を分かっていないからである。逆に言えば、「今、何をしようとしているのか」を分かってやっていない、という何とも不思議な言葉だが、実際に道場なりスタジオなりで、身体を動かしていることはあっても、「何をしているのか」を絞り込んで取り組んでいない、ということだ。極端に言えば、夢遊病者のようなものだ。

例えば、「中段順突き」だとしたら、全体的に順突きのような形をやってはいても、その順突きは、最終的にどんなことになるのか、その為にはどこからやらなければいけないのか、等のどの要素に取り組もうとして、その稽古をしているのかが無いということである。それが「入り口はどこだった？」なのだ。

これは、相当深いところへたどり着く言葉である。自分は一体何をしようとしているのかが分からないということだからだ。もちろん、この「順突き」だとしたら、それを目で捉えただけの漠然とした形では理解している。あるいは、例えば武道、例えばダンス、と「言葉」として分かっている。しかし、その漠然とした頭のままで、何かしらの稽古に入る。しかし、漠然としたことに取り組むことなどできるだろうか。本来は出来るはずもない。しかし、一生懸命に、というつもりで取り組むことは出来る。もちろん、つもりなのだから一生懸命ではない。というよりも、一生懸命になど出来るはずもない。ただ熱中し汗を流しているだけなので、当然、何かしらの獲得は無理だ。

例えば、この「順突き」をする、となったとき、まずは「順突きって何？」とならないだろうか。もちろんその答えは、道場や流派によって、あるいは師範によって異なる。しかし、そこが全ての入り口だし、そこにしか入り口はない。もしも、ここを飛び越し一足飛びに部屋の中に入れば、つまり、自分なりに分かったつもり、あるいは、自分の持っている理屈に当てはめてしまえば、もしくは、何も理解しようとせず漠然とやってみる、つまり、言葉を鵜呑みにしたり、自分の持つ幻想だけで稽古に入れば、そこはもはや実現不可能な幻想にしかならないのだ。

日野武道研究所での右中段順突きなら、右拳と右足が同時に出て、同時に止まる。そして、止まった時が、スタンスの狭い前屈立ちのようになる。つまり、右足膝に体重が乗っている状態だ。もちろん、もっと沢山要素はある。しかし、これだけでもかなり難しい。まず「同時」が難しい。多分身体で、同時かそうでないかを、自分だけの力で認識しようとすれば、相当の時間、あるいは年月を要するだろう。

つまり、自分がどう動いているのかを明確に知る必要があるからだ。そしてまた、自分の身体運動に細心の注意を払う必要がある。そしてそれは、自分の身体運動に細心の注意を払える自分作りと、同時進行的に行われていくものだ。つまり、そういったことに注意を向けて身体を動かすことを〝稽

古をする〟いうのであって、無我夢中で繰り返すのは稽古とは言わないのだ。もちろん、その無我夢中の量稽古も必要である。しかし、それは要素の一つなり形の一部なりを明確に認識してからのことだ。

「入り口はどこだった？」の一つは、ここで言う「順突き」というものは、ある動きの名称に過ぎない。つまり、「順突き」というものはないということで、それは要素の集合体のことだ。だから、その要素に取り組まなければ、何が正しくて何が間違っている、など決して分かるはずもないのだ。それは、例えば「勉強しよう」「営業に行く」というような言葉と同じだ。「勉強」というもの「営業」というものが特別にそこにあるのではない。それらは、全て実際の行動を抽象化したものに過ぎないのだ。だから、「勉強が出来ない」といくら思い続けても、「営業成績が伸びない」といくら思い続けても、何一つ改善されることはないということだ。

そして、我々が間違っていくもう一つのポイントがある。それは現象に惑わされることだ。例えば、自分の先生が順突きを、誰かにミットを持たせて突いたとする。そうすると、そのミットを持っている人が倒れたとする。それを見た上で順突きに取り組めば、大方の人の持つ印象は最後の「人が倒れた」が強い。そうすると、「突いたら倒れる」と無意識的に思い込む。となると、「倒れるように、倒れなければならない」と刷り込まれ、それが目的になり、順突きを作り上げていくという、本来の目的は消えてしまうのだ。だから、そこでの夢中になる稽古は「倒れるように、倒れなければならない」という幻想の中に消えていくということだ。

あるいは、「順突き」を単独の技術だと、無意識的に思っている場合もある。この単独というのは、文字通りで時空を超えてそれだけがあるかのごとくだ。空手であれば、それはその中のたった一つの瞬間でしかない。どうしてそうなるかといえば、順突きから派生して「自分のやっている空手とは?」とか、それをどこでどう使うのか、が一切ない場合にそれは起こるのだ。そうすると、順突きの「身体の使い方」というものが現れて来る。で、「私の興味のあるのは身体の使い方だ」となる人も出てくる。基本的に身体の使い方という単独のものはない。そこには必ず「何に使うのか」が表裏一体としてあるのだ。その何に使うのか、がない「身体の使い方」など、どうして成立するのか不思議でならない。

それも幻想だし、この幻想からの脱却が、上達や成長の一歩である。

まさに「入り口はどこだった？」なのだ。

4 言葉の理解と実際には大きな壁がある。

合宿で……

2月28日、3月4日と2日間に渡って、ダンスの公演をした。振り付け・構成・演出・音楽とを私が担当し、どちらも大成功のうちに幕を閉じた。残念ながら東京は、劇場を確保できなかったのでやっていない。3月4日の埼玉での公演では「是非東京で」という声が多く、現時点で劇場確保に動いている。本年末か、来年春には東京公演が実現するだろうと思う（本稿掲載2010年時）。

公演は、1年前から準備が始まった。振り付けを出演ダンサーに教え、そこでの要点を徹底的に習得してもらうようにした。むろん、武道の要素だ。公演前1週間は、合宿し朝から晩まで、1日10時間以上リハーサルを繰り返した。この時間は、ダンサーにとっても私にとっても、非常に勉強になった時間だ。普段の生活の中では、こういった集中した時間を持つことは少ない。むしろ皆無といっても良いだろう。学生時代か、スポーツ競技の日本代表くらいの余程の何かがなければ、こんな密度の時間を多人数で共有することは出来ない。

その昔ジャズや武道にのめり込んでいった当初は、個人的には1日10時間12時間という練習の時間を持ち、考え続けたことがあるが、一つのグループというかチームでの体験はない。その意味で、色々な意味で勉強になった時間だった。

「私の話す言葉の意味は判るね」「ハイ」「では、それをやってみよう」ここに大きな罠というか壁があることに気が付いた。というよりも、それを眼前に突きつけられたという方が、私にとってはしっくりくる。今まで、その事に気付いてはいたが、時間の中で流されてしまい、立ち止まってじっくり考える迄には至らなかったのだ。

毎月行っている数時間のセミナーやレッスンでは、個人を突っ込むという時間が無い。だから、概ね大丈夫、というところで次に進む。だから、個人のレベルが明確には把握できなかった。しかし、この合宿ではある意味でたっぷりと時間の余裕があったので、一つの言葉を徹底的に突っ込むことが出来た。

ダンスというのは、ジャンルに限らず抽象的な表現であり運動である。それは武道とも酷似している。したがって、指示する言葉も抽象的にならざるを得ない。例えば、武道で言えば「もっと間合いを計って」というような言葉を使うということだ。この言葉でも、何の話をしているのかサッパリ分からないのに、それを聞いた大方の人は「ハイ」と答える。私の言う「サッパリ分からない」というのは、「間合い」というものは、それを指示する人にとってどんなことを指しているのか、そして、それを「もっと」とは、「計る」とはどういうことか、を判らないということである。もちろん、私は未だ「間合い」という言葉を定義出来ない状態だ。だから、「間合い」という言葉は使わない。

ここで言う問題は、言葉は理解できる、ということと、実際、という間に大きな壁があることだ。日常生活において、指示される言葉は実際として実現される。それは、指示そのものが日常生活に根ざしていることだからだ。つまり、共有された価値観や習慣等があり、それに裏打ちされているようなことだから実現できるのである。

しかし、ダンスや武道での抽象的な言葉を共有しようと思えば、そこには具体的な技術的裏付けがなければならない。個人の技術的積み重ねがあるから、高度な概念を持ち込んでもそれを共有することが可能なのだ。それがスポーツ競技であれば、競技という限りにおいて明確だから、要素はそう複雑に絡まっていない。だから、どんな技術の積み重ねが必要か?は、共有できる可能性は高い。

しかし、ダンスや武道ということになれば、それ自体が曖昧なものだから、どんな技術が必要か、

という点で難しい。
そんなことを合宿中に勉強させられたのだ。

チーム

そんな状態だから、合宿は相当厳しいものになっていった。どんどん追い込んでいった。公演後一人のダンサーが「合宿中、夜トイレに行くと、必ず誰か一人で泣いていました」と。頬はこけ、目の下には隈が出来、見た目にもやせ細っていくのが見えた。公演を支援してくれている一人が、そのダンサー達を見て鰻弁当を差し入れしてくれたくらいだ。

2月28日の岡山公演は大成功だった。岡山という地方で、誰一人としてスターのいない公演、つまり、岡山の人は誰も知らない人ばかりで、しかもコンテンポラリーダンスという、何のことやら分からないダンス公演に400人余りの人が来てくれ、熱い熱い拍手を貰い、「また、こんな面白い公演をやってください」とリクエストがあったのだ。

しかし、皆には何か足らないと感じていた。

話は一挙に飛ぶが、公演と公演の合間にオフの日を1日設けた。そのオフの日に、マンデラ元大統領の実話を映画化した、『インビクタス（負けざる者たち）』を観た。映画の内容詳細は割愛するが、南アフリカのラグビーチームがワールドカップで優勝するという話が入っている。もちろん、映画のメインはその話だ。チームは各国から弱小チームと評されており、誰一人としてワールドカップの2回戦まで進むとは思っていなかった。弱い原因は、チームが一つにまとまっていなかったからだ。一人ひとりがチームに不満を持っていたり、勝利に対して諦めていたり、だからだ。もちろん、その原因の一つにマンデラ氏が、27年もの投獄生活の後大統領になったことがある。人種差別の歴史がひっくり返ってしまったのだ。

そのバラバラのチームがどうして一つになり、優勝までしたのか。そこには、そういった個人の価値観を越える一つの象徴があったからだ。それは、祖国という「地」であり、政治的国家を超えたもののことだ。それを象徴する一つの歌が全員をまとめ上げたのだ。

この「チーム」という実際が足らなかったのだと気付いた。1＋1＋1＋という個人を足した足し算でチームが出来るのではなく、15人という全体がなければ個人の技術を越えたものが、そこに現れる筈も無い。そのことも、この公演は気付かしてくれた。

本来こういったチームという枠は、自然発生的なもの本能的なものだと認識していた。もちろん、それは間違ってはいない。しかし、今日の社会や教育が、この自然発生的な、本能的な能力を退化させて行っているとしか思えない。それが自然発生しないということは、群れで生活できないということであり、群れにはならないということだ。これは認識の問題ではない。生物として、動物としての本能の問題なのだ。

5 〝出来る〟を目指すな。

分からない問題

一つの共通項がある。それは日本独特のものではない。フランスでもドイツでもスイスでもイタリアでも、沖縄でも、そして日本でも耳にする言葉だ。私のワークショップや教室での中の出来事だ。もっと言えば、色々な職場でも耳にするかもしれない。

さて、それは何か？ 私が練習の為の動きを提示する。それを自分で試した後の一言だ。「これでいいですか？」である。この言葉は、もしかしたら全世界的な共通項かもしれない。

そう言った人に「何が？」そして「どうして？」と思わず問いたくなる。「違うよ」というと、2、3回動き「もう一度見せてください」となり、その次は「これでいいですか」と続く。私の一番信頼するジャズ・ピアニスト田中武久さんも、私と同じことを言う。「これでいいですか、と聞く前に、自分がどう弾いているのか分からんか」と。それは教室で生徒にレッスンをしている時に、何時も交わされる会話だとおっしゃる。まさか、数学の問題で答えを書いたが、それの正誤が分からないというのは無いだろう。問題が分からないから、答えを書けないなら分かる。

字が間違っているのに、「これでいいですか」とは聞かないだろう。もちろん、聞く人もいる。その人は、その数学の問題を理解できていない人、字を知らない人だ。では、問題を理解できていない人はどうすればよいのか。それは、誰にでも分かるとおり、その問題を理解出来るように、分解することだし、字を知らなければ覚えればよいのだ。

もちろん、そうするには時間がかかることは誰にでも分かる筈だ。自分自身の実力に応じて時間が必要なのだ。というところからみれば「これでいいですか」とその場で聞くことは、まるで的外れだと分かるだろう。私の提示している動きは、初めての人にとって「分からない問題」の筈だからだ。だから冒頭で書いた「何が？」「どうして」と問いたくなるのだ。

どうして、そう聞くのかと言えば、ジャズピアノの田中さんのレッスンから言えば、自分の弾いていることと、お手本の田中さんのピアノと比較できないのだ。ピアノ演奏はまだ客観的だから、つまり、自分がピアノを弾いていても、耳から自分の音が聞こえる。だから、客観的に自分の弾いた音を捉えることが出来る。したがって、お手本の音と自分の音とを比較することが出来るということだ。それが出来なければ、レッスンを受けている意味が全く無い。指摘されても比較が出来ないのだから、分かりようが無いからだ。

人を比較してはいけない、という教育がある。もちろん、その比較と、ここでいう比較は全く違う。技術の比較だからだ。その目や耳や感触が育っていないと、自分で価値を決めることが出来なくなる。永久に、社会が作り出した様々な価値観に振り回されてしまうのだ。

“出来る”を目指すよりも……

では、それが何の共通項か？だが、それは、そのことが出来るようにならない人の共通項なのだ。もちろん、このそのことが出来るようにならない、というのは、一切何も出来るようにならない、という文字通りのことではない。その人のレベルに応じて出来ること、出来ていることは沢山ある。

イタリアのワークショップでも、私のクラスでは何一つ出来ない若い子が、他のクラスでは誰にも引けをとらずに一人前に踊っていた。その子はそれでいいのだ。

では、何が何も出来ないのか。身体のことで端的に言えば、見せ掛けで上っ面の事は出来るが、

身体の動きの質を上げたり、それを実現するのに必要な、思考を深め自意識を成長させていくという、高度なことが出来ないということだ。

もちろん、それはその人が望んでいないことだから、こちらが横から口出すべきことではない。そして、今の自分ではどうにもならない、というその人なりの壁にぶつかっていないので、思考を深めたり自意識を成長させなければどうにもならない、ということを切実に望まないのだ。ただ、イタリアのワークショップに参加していたドイツ人の若者は、私が彼の意見をことごとく壊していったことに「目が覚めました」という言葉を使っていた。最初そのドイツ人の若者は、私のあらゆる説明に、反論したり質問したりしていた。それは、私の説明や身体の理論が、ドイツでの教育とは、全くかけ離れた切り口だったからだ。だから、ある意味で徹底抗戦したのだ。だが、私の理論の方が深いと感じ、そのことで、その若者なりに「このままの自分では駄目だ」と、響いたのかもしれない。

「喉の渇いていない馬を、水飲み場に連れて行っても水は飲まない」という言葉がある。その通りで、自分が壁にぶつからなければ、誰も成長しようとは思わない。しかし、その壁は特殊なものでも何でもない。誰でも日常的に、出くわしている些細な出来事の中にあるのだ。ただ、人はその時、何かに気付いたとしても、日常に追われ、そして、さほどの問題も無く過ごせている事実に安心してしまうのだ。もちろん、何に安心しているのかは知る由もないが。

ピアノの田中さんは、ジャズに心血を注いで取り組んでいたから、本場のミュージシャンから「日本に行ったときは、田中と一緒に演奏したい」と言われるまでになった。その音楽性を教室でレッスンしているのだ。田中さんが心血を注いだ、つまり、「このままの演奏では駄目だ」と何十回感じ、何百回、あるいは、1プレイごとに工夫をし、得た音楽性を指導しているのだ。その「このままの演奏では駄目だ」という壁に、一度も突き当たったことのない生徒には、残念ながら田中さんの価値は分からない。十把一絡げの如く「超かわいい！」と何ら変わることのない「上手」としか、価値判断出来ないのだ。だから、「これでいいですか」と聞く人は、当分壁にぶち当たりそうもない、ということが分かる。

ドイツの若者は、一生懸命に勉強をしてきたのだろう。もしかしたら、壁にぶつかったことがあるのかもしれない。だから、徹底抗戦し、私の意見をあるレベルで理解でき、自分自身の狭さに気付いた。

私の教室は、ある意味でその壁を提示しているようなものだ。だから、「出来るを目指してはいけないよ、何が出来ないのか、どうして出来ないのかを考えて欲しい」と口を酸っぱくして言う。

死ぬまで逃げようの無い、自分という自意識。その殻から抜け出た時、見えている世界の色は変わるし広くなる。それは望んでも手に入れられない。しかし、自分に気付いた時、全ての人は手に入れることが出来るものなのだ。

6 意識と言葉が成長を止める。

犬としての犬

「犬を人間と同じように扱っているでしょう」

「でも可愛いからしかたないでしょう」

「それは分かりますが、犬が可哀想ですよ」

「どうして」

「犬なのに犬として扱って貰っていないのですから」

「家族同様で可愛い子なの」

「もちろん、それは分かりますよ」そんなやりとりが続く。俗に言う駄目犬というか、馬鹿犬というか、飼い主のいう事をきかず、それこそ傍若無人にふるまう犬。その犬に困り果て、犬のトレーナーに救いを求めてくる。そんな光景だ。テレビ風に言えば、カリスマトレーナーに助けを求める、ということになるだろう。

そのトレーナーはどれだけ乱暴で、飼い主にも噛みつく犬でも、一瞬で大人しくしてしまうのだ。ほんとに一瞬でだ。手を伸ばすだけで、犬は耳を下げ姿勢を低くしてしまう。それは、犬が主従の関係を一瞬で認識したからだそうだ。トレーナーは決して怒鳴るではなく、叱るではなく、ほとんど言葉を発しない。ただ、腕を伸ばしたり、無言で直立していたりだ。そんなジェスチャーだけで、犬はトレーナーを信頼してしまうのだ。そういった事が素人の私には、トリックかマジックとしか思えない。

トレーナー曰く、人が考えた「犬とは」ではなく、犬から見た犬というところで接しているからなのだそうだ。つまり、人にとって都合の良い解釈、人の心理を応用して作り上げた、従来の犬を調教する方法は全て間違っていると言い切る。

もっともである。犬は人ではない。もっと言えば、従来の犬の調教は人の心理を応用していたとは驚きだ。だからこのトレーナーは犬専門のムツゴロウさんとでもいうべき人だ。このトレーナーは、とにかく様々な犬を観察し続け、そこから調教法を編み出していったのだ。結果、犬の心理学なるものを確立したそうだ。もちろん、人同様犬も千差万別なので、違う犬と出会う度に勉強だという。〝お座り〟などした事のない犬でも、〝お座り〟という指示を出すのではなく、座りたくなるように仕向ける。そうすると、〝お座り〟というよりも、座ってしまう。もちろん、言葉はいらない。種明かしを知らない人が見たら、まるで手品だ。犬が座りたくなるように、というリードの使い方や、持っている飼い主の心理状態、それらを指導して行く。

身体が心を変える

その中で極端に臆病な犬がいた。飼い主が犬を連れて、街を普通に散歩できないのだ。部屋から一歩外に出ると、というよりも、出る前からもう既に外に対して恐怖感を持っているから、腰が引け尾っぽが下に巻く。それでも飼い主は慣らそうと外に出すと、自転車や乳母車や自動車の音、ディスプレイの置物。およそ、街にある全てに対して反応し、おびえて始末に負えない。犬は尻尾を巻いたままビクビクしている。

トレーナーが犬と共存する為の基本として上げていることは、先ほどの、〝犬を人として扱わない〟こと。運動が足りていること。そして、飼い主は凛としていること。その三つを条件として上げて

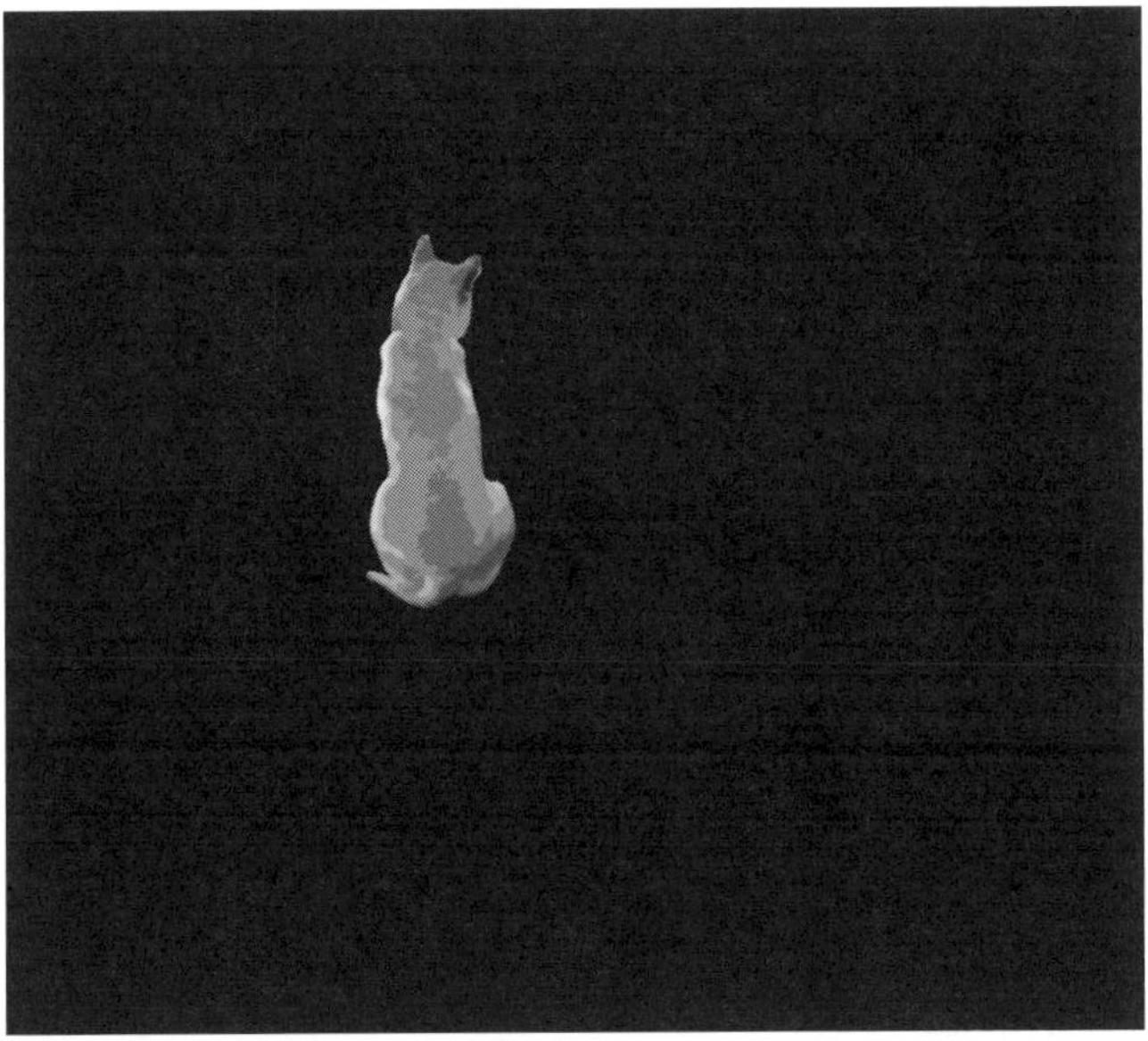

いる。この臆病な犬の場合、まず運動が足りていないと言った。犬にとっては庭や部屋は、魚が水槽で泳いでいるようなもので、ストレスはどんどんたまるという。

首にリードを付け、トレーナーはローラースケートのようなものを履き、犬を外に出した。この犬は元々臆病だから、その場にいたくないので、その場から逃げようと街を脱兎のごとく駆け抜ける。そのことで、反応している暇を作らせないのだ。相当走らせた後、犬の表情を見ると、落ち着いていた。さほど臆病な顔をしていない。

そして、次に街を歩く。もちろん尻尾は巻いたままだ。そこでトレーナーのしたことは、なんと犬の尻尾を持ち上げてやったのだ。すると、犬は落ち着きを取り戻したのだ。臆病な犬の尻尾を触っても、犬は嫌がらない。それも驚きだ。それを繰り返していると、次第にビクビクしなくなっていった。尻尾を引き上げるだけで、犬は落ち着いてきたのだ。つまり、身体の特徴は心理の表れだから、その身体の特徴を変化させてやれば良いということである。理屈は理解できるが、一瞬の出来事に唖然とした。

もちろん、それは人も同じだ。人も何かしらの動作をすること、姿勢を変える事で心理は変化する。しかし、その事が長く続かない。では、どうして人は犬ほどストレートに変化しないのか。

それは単純だ。意識という代物が人にはあり、それが「納得するという形式を踏まなければ駄目だ」という価値をもっているので、どうにもならないのだ。頭は硬くお役所仕事なのだ。しかし、ここには矛盾がある。納得するというのは、変化前の従来の自分なのだから、納得するはずも変化などするはずも無いのだ。

この犬のように、ビクビクしたら尻尾を上げる。それは人で言えば「胸骨を上げる」のと同じだ。そのことで、いくら気分が良くなっても、あるいは、気持ちが広がっても、落ち着いても、意識は納得していない。そこで意識が納得するように、様々な言葉を繰り出す。そうする事で納得したとする。しかし、これは先ほどの、気分がよくなったという気分をインプットしたのではなく、納得した言葉をインプットしたのだ。納得したのは変化前の自分が納得しているだけなのだ。つまり、成長していない意識が納得しただけだから、三日坊主で元に戻るということだ。成長や変化を止めるやっかいなものは意識であり、その中の言葉なのだ。しかも自分の。

また、群れで生活する動物だというところでの躾けも興味深いものがあった。穏やかな心理状態を持つ群れの中に、不安定な犬を入れると、穏やかな群れの心理が不安な犬にうつり、見る見る不安が無くなっていく。どんどん巻いている尻尾が上がっていくのだ。やがて、他の犬達と遊ぶようになっていく。

当然逆に穏やかな群れの中に、異質の強いエネルギーを持っているものを入れると、群れが影響され、どんどん不安定になり凶暴になる。もちろん、その群れは穏やかな心理を調教されているので、そのトレーナーの指示で一瞬で元には戻る。しかし、そのトレーナーがいなければ元にはもどらず、凶暴化が定着してしまうのだ。これは「一個の腐ったリンゴは、箱の中の全てのリンゴを腐らす」に通じる話だ。犬も人同様良い仲間が必要だということだ。

7 時間軸など決めるな。時間の奴隷になるな。

〝ままならない〟

「こうしよう」と思っていても、こうならない。「こうしなければ」と意気込んでも、思うようにはいかない。それこそ「三日坊主」で終わってしまう事が多々ある。

人生とはそういうものだと何時も思う。ままならないのだ。

人は、一度「これだ」という目的というか、希望というか、理想というか、自分の行き先を見つけた時、自分の環境を考えなければいけない。それほど、自分は強くないということをこころしておかなければ駄目なのだ。

私の10代の頃は、「これだ」と決めてその方向に歩いていても、友達との遊びの誘惑には勝てなかった。友達が原因で、仕事を辞めたこともある。もちろん、皆が皆そうではないだろう。立派に初志貫徹した人もいるだろう。しかし、大方はそれほど意思も決断力も強いことはない。だから、環境を変えなければ、と思い、大阪から東京に出た事もあった。しかし、同じだった。自分は強くない、というのは、その通りなのだが、何かが間違っていたのだ。何がかは分からないが、確かに何か間違っていたのだ。

中学生の頃、器械体操をしていた。「したい」と思っただけだ。「やってみよう」ではなく、「したい」だった。すぐにクラブに入った。だが、クラブの練習は「面白くなかった」のだ。だから、中一の新入部員3人と独自に練習をした。見よう見真似だ。これをやれるようになるには、何が足りないのか。そんな工夫を毎日繰り返し考え、3人で夜遅くまで練習をした。夏休み等、朝から晩まで練習をした。夏休みが終わって二学期が始まった時、我々3人は他の新入部員よりもはるかに上達していた。

中二になり、大阪市や大阪府の大会で、私は個人で4位に入った。私の学校のクラブでは一番上位だった。そういった事が重なり、オリンピックの強化選手に選ばれた。3人での研究と練習の成果だ。友達とも遊ばず、ただひたすら体操に明け暮れた。

社会に出てから、この体験を完全に忘れてしまっていた。それが「三日坊主」の原因だった。きっと、人は自分に適したものと遭遇すると、自動運動的に上手くいくものだと思う。

〝決断力〟なんて要らない

10代の終わり、ジャズドラマーで生きていくことを決めた時は、それまでの友達とは、一切付き合いをやめた。音楽もジャズ以外は聴かない。結果、短期間で有名なジャズメンとの共演や、有名ジャズバンドに引き抜かれたりするようになった。つまり、ジャズドラマーが自分の職業として、成り立つ様になった、ということだ。

だから、その頃の私を例に出し、決めたら徹底的にやれ、古い友達とも付き合うな、とよく皆に言っていた。

しかし、それは間違いだと気付いた。それは、ただの正論だからだ。しかし、「ジャズで生きて行こう」と決め、それを実現させた、という結果だけをみれば、いかにも意思も決断力も強いのかな、と思われるだろう。もちろん、そうかもしれない。しかし、それはあくまでも結果論である。私はそれほど意志は強くないはずなのだ。では、どうして、脇道にそれず、また友達とは付き合わなく出来たのかだ。

それは、よくよく思い出せば、体操と同じで、「友達と会おう」等とは、これっぽちも頭に浮かばなかっただけだった。ジャズ以外の音楽も、「聴かない」と決めたわけではない。朝からジャズ喫茶に入り浸り、ジャズしか聴かなかっただけなのだ。脇目もふらずに、という言葉があるが、まさしく「脇目もふらずに」になっていた、だけである。

何を練習しなければならないのかが、どんどん見えて来て、知らない間に1日12時間や13時間、練習していただけだった。決して「やらなければ」とか「やろう」と構えた事はないのだ。練習をやっている最中に、出来ないこと、やらなければいけないことを、色々と発見するから練習時間は増えるばかりだった。

毎日が練習漬けだから、当然今までの世界とは離れてしまう。ただ、それだけだ。もしも、今までの世界に未練があるのなら、というか、そんな雑念が頭をよぎるのであれば、今歩いているその道は止めた方が良い。「脇目もふらずに」状態になっていないから、挫折するのが落ちだからだ。

しかし、どうして「脇目もふらず」状態になったのかは、全く覚えていない。つまり、意識的にそういう自分になろうと、コントロールしたのではないのだ。

人は、自分のやるべきこと、自分に適した事に出会う時、色々な偶然を呼び寄せる。「ジャズで生きて行こう」というのは、その後に、ジャズバンドに入るという実際になる。ジャズバンドに入ったからといって、それで生きていけるものではない。そこには練習が付きものだ。先輩達に教わり練習が始まったが、どうも前に進まなかった。

この段階は、「練習をやらなければ」「〜の為」という苦痛の毎日だ。そして、「ジャズで生きて行く」という幻想と現実とがくっついていない状態だ。バンドに入り数か月たったある日、ビレッジバンガードのジョン・コルトレーンというレコードに出会った。その瞬間から、練習はどんどん前に進むようになったし、練習量も1日12時間と増えた。

偶然、街を歩いていたら雨が降り出し、雨宿りしたところが、ジャズ喫茶の軒だった。もちろん、何時もはその道を通らないから、そこにジャズ喫茶がある事等知る由もなかった。そして、そのジャズ喫茶から流れ出て来た音がそれだった。もちろん、初めて耳にする音だ。しかし、身体に電流が走ったと言えば、言い過ぎかもしれないが、それくらいの衝撃があり、一挙にジャズの世界に入ったのだ。夢遊病者のようにジャズ喫茶のドアを開け、煙が充満した店内に入った。大きなＪＢＬのスピーカーのまん前に座り、その音を身体に浴びた。

その偶然は、「既に」用意されていたとしか言いようがないのだ。長い人生では、そんな事が何度かある。武道の場合も、幾度となくそういった偶然に遭遇している。それこそが、自分に適した道を歩いているから、という証であると確信している。

もちろん、それまでに何十回と、自分に適さないことをやり、挫折を繰り返している。その挫折の繰り返しが、こういったことを発見させてくれているし、挫折の間に培った様々な気付きは、大いに役に立っている。

それらを考えると、結局、人生ままならないというのは、時間軸を決めているからそう見えるだけだと言えるのだ。決して、時間の奴隷にならない事を祈るばかりだ。

8 「出来る」とは何なのか？何をもって「出来る」とするか？

「身体を使う」と「身体を動かす」の違い

武道にある一つの形、一つの型、それぞれそれを考えるのは楽しい。それは、どんなジャンルでも同じだ。どんな経緯でその形や型が出来上がったのか。何を考えて、あるいは、何を感じてその形や型になったのか。残そうと思ったのか、あるいは、残ってしまったのか。そんなことも考える。その意味では、クラシックバレエの形もその一つだ。

身体を使っていると、気持ちも動いてくる。そうすると、その形に生命が宿るようになるのだ。

「日野は、どうしてバレエになるのだ？」

オランダのインターナショナルバレエ団で、ソロを踊っていた先生が驚いていた。身体がその形に収まると、自然にその雰囲気が出るし、その気分に包まれるものである。

しかし、身体を動かしていると、そうはならない。自分自身の欲求が勝ち、欲求を満足させる為に汗を流して終わる。もちろん、爽快感や達成感はあるが、「感」が残るだけである。つまり、何かが出来るようになったのか、何かに気付いたのかではなく、単純に「稽古をした」という「感」が残るだけなのだ。そういった事に気付きだせるのも武道の稽古の特徴だ。

「身体を使う・身体を動かす」の違い、という重要な事に気付かせてくれたのが武道であり、そこに辿り着く道は古《いにしえ》にあった。つまり、武道における稽古とは何か、稽古はどこに向かって行くべきなのか。そういった重要な内容が、古にはあったということである。

その稽古の指針は、知人が持ってきてくれた「後来習態の容形を除き、本来精妙の恒体に復す」という、直心影流に残る言葉である。40年位前の事である。それまでは、ただ目の前にある「出来なければならないこと」「やらなければいけないこと」、あるいは、自分の持つ幼稚な目標に日々邁進していたが、この言葉を得ることで、稽古はどういう意味を持つのかを知る事となったのだ。

そうなると、賽の河原の石積みではないが、自分で作り自分で壊す、これの繰り返しが稽古になった。自分で壊すというのは、自分に気付き、やり直すという意味である。自分に気付くというのは、表面的で運動的な間違いの話ではなく、それに取り組んだ時の自分自身の気持ちや意識の持ち方に気付き、ということだ。そしてやり直す。やり直すのは、一からやり直すということである。それは、ひたすら「後来習態の容形を除き、本来精妙の恒体に復す」を考えるということでもある。

「出来た」で終わらない為に「出来る」とは何なのかを徹底的に考える

糸東流空手の宗家・摩文仁賢和師の弟子である、故廣川弘師に師事した時、「日野君、最初は三戦《サンチン》を3年間やらされました。道場を行ったり来たり、ずっと三戦でしたよ」と昔話をして頂いた。「三年もですか」私には無理と、やるまでもなく諦めた。しかし、自分が独立し道場を開いてからは、毎日三戦だけをやってみた。せめて半年は続けてやろうと思い、一日8時間は続けてみた。弟子たちは夕方から来るので、朝から夕方までやり続けたのだ。

こんな単純な事を繰り返して何になるのか、足腰の鍛錬か、腕力の強化か。当初はそんなことが頭を過《よぎ》っていた。しかし、足の締め方や膝の締め方を、丁寧に重ねていくと「身体が動き出す」という事を体感した。「体重が移動する」それを体感したのだ。そうか、こういうアンバランスを作り出せば、身体は動き出すのか。その発見は、誰でもしているものかもしれない。知っている事かもしれない。しかし、自分の力で見つけ出せた喜びは、それ自身平凡なものでも、極上の喜びになる。

そして何よりも、「やるぞ」という動機にもなるのだ。

その発見に味をしめ、三戦の突きを考えるようにしていった。そこで思い出したのが、廣川先生の言葉で「日野君は､ドラムを叩いている時は､肘が良く使えているね､空手もそれと一緒ですよ」だった。先生に、私のドラムソロコンサートを聴きに来て頂いた事があった。終わってから、私に話してくれた言葉がそれだ。その時は「そうですか」と言ったが、それはどんなことなのか明確には分からなかった。というよりも、空手とくっつかなかったのだ。それは私自身の力量不足だから仕方がない。

その思い出した「肘」ということをポイントに、突きを考えて行くと、それは逆に受けの手が活きてくるようになり、突きとの関係が見えて来たのだ。突きの変化としての受けの手だ。という具合に、発見が相次いだ。しかもそれは「身体が動く」の入り口だったのだ。

数稽古というのは、そういう為にあるのだと、その時にこれも気づいた。つまり、時間と明確な目的意識があれば、それこそ何時の日かは自分の力で何かを発見出来る、ということなのだ。昨今は、道場や教室、セミナーにワークショップ等多種多様にあり、諸先生方が指導をしてくれる。もっと身近には動画サイトが多数あり、こちらが検索する動画がいとも簡単に見つかる。もちろん、それも現代ならではのことだから、どんどん利用すれば良いと思う。

しかし、自分の力で発見する喜びは、そこには無い。自分の力で発見するというのは、発見するまでの様々な葛藤や試行錯誤がある。それら全ては「自分だけ」のものだ。当然、その事の応用範囲は恐ろしく広いのだ。「後来習態の容形を除き、本来精妙の恒体に復す」が実現されていくからである。

私を導いてくれているのは、全て先達たちの言葉である。その言葉も深ければ深いほど、身体として理解するのは困難である。それは運動を通り越し、自分自身の精神の在り方、考え方が身体に対し、顕著に影響を与える事が分かるからだ。それが分かるから、自分自身の精神や考え方そのものを作り直すという作業をしなければならない。昔日の武芸者で、その事に気付いた人は参禅したり、様々な行《ぎょう》をすることで、そこをクリアしようとしたのだ。

武道をする大方の人の目的は、宗家に近づいたり、何かしらの技が「出来る事」だろう。しかし「出来る」とは何なのか。何をもって出来るとするのか。そこを徹底的に考える必要がある。

もちろん、出来るに越したことはないし、出来なければ何も分からない。ただ、出来る為にという目的では出来るようにはならない。身体運動としては、限りなく近くはなるが、結局は似て非なるもので終わるからだ。限りなく近くなった時、それ以上の事を目指すにはどうすれば良いのかを発見できないからだ。そうなると、「出来た」で終わるだろうし、そこから分派が起こることもあるだろう。そもそもは、昔日の武芸者が参禅した理由が、自分自身の中に湧き上がって来ていないからである。私の言う武道ではなかったということだ。

9 「当てられなければ良い」と結論付けた時、「当てさせれば良い」と気付いた。

引っ込み思案の性格が促した「自分で考える」事

卒業式や入学式のシーズンも終わった。私の小学1年生の入学式の写真には、何故か親が写っていない事に気付いた。どうしてなのかは、全く記憶にないが、私が一生懸命に頑張っている顔をしている。もしかしたら一人で行った？　いや、それは無いだろう。当時は引っ込み思案だったから、一人で行く事はない筈だ。もしかしたら、式の途中で帰った？　何れにしても母は既に亡くなっているので、この写真は謎のままだ。

この引っ込み思案なところは、今でも痕跡として残る。しかし、人生を振り返ってみると、この引っ込み思案は意外と私を自立させてくれるのに役立っている。引っ込み思案を良い方に捉えると、物事に慎重だという事にもなる。しかし、では私は慎重なのか?というとそうでもない。思い立ったら何が何でも行動を起こしてしまうから、絶対に慎重だとは言えない。

思い立ったらすぐに行動を起こす、という事の一番古い記憶は、この小学1年生の時にある。授業が面白くないし、同級生でガキ大将的な奴がよく私にちょっかいを出すのが嫌だった。現代ならさしずめ「いじめ」なのだろう。しかし、私はガキ大将のちょっかいに向かい合う事なく、教室を出るという行動にでた。つまり、授業をサボるという事の第一歩が、この小学1年生だったのである。学校を飛び出し、とにかく街をうろついた。

「この道はどこへ続くのか?」

そちらの好奇心が勝っていた。だから、学校へ行くより楽しく、それを繰り返すようになった。

ジャズ・ドラムを職業として選び、バンドボーイという入り口から入った。その世界に入り、先輩のドラマーから、関西で一番上手なドラマーに習えば良いと、紹介してもらった。習いたいのだが……ともう一つ足が前に出なかった。

それでもその人に習うのが一番近道だろうと、頭では決まっている。だが、その人が出演をするジャズ・バーの前まで行った時、何故か一瞬店に入るのをためらった。引っ込み思案が出たのだ。知らないところだから、何だか不安になったのだ。店の前でためらっていると、演奏が聞こえてきた。

知らず知らずの内に、その演奏に耳を澄ませていた。そこで、ハタと気付いたのが「一体何を教えてもらうのか・何を習うのか」という事だ。演奏は実際に聞こえている。ではドラミングの実際は？ そう、店に入ってお金を払って、その演奏を見れば良いだけだ。それで「どうすれば」の粗方は分かるというものだ。

それに気付き、店に入った。気付いた通り、当たり前だが「見て・聞こえる」。そういえば、それまでの他の仕事の時もそうだったと思いだした。一歩足が出ない、という引っ込み思案の性格は、こういう具合に、私に「気付く」という、宝物を教えてくれた。おかげで、完全に「自分で考える」という事が身に付いたのだ。という具合に、幾つ何十になっても変わらない事もある。

人が変化するための裏技「考え方を変える」

身長や体重という体格は、自然と変化する。その事を不思議には思わない。だから、子供の頃は、子供は大人に自然になるものだと思い込んでいた時期もある。

人は変化する事と、変化しない事が混在しているものだ。よく「自分を変えたい」、また「自己変革・自己啓発」等といった言葉が氾濫するが、変わる事なら変わるが、変わらない事は変わらないのだ。

変わる事というのは、変える事の出来る事だ。それはある意味で習慣を変えるという事になる。私の引っ込み思案は、習慣ではなく性格だろうから、変えようがない。また、瞬間湯沸かし器的短気な性分も変えようがない。しかし、例えば、寝坊だとか、直ぐに飽きるとか、集中力が足りないとかは、ある意味で変えようがある。それは、習慣を変える事で可能だからだ。

この場合は、新しい知識を得る事で変えるのは無理だ。習慣を、だからだ。しかし面白い事にゲームではないが、ここには裏技が存在するのだ。裏技は、「考え方を変える事」だ。これは、私自身の経験の中で発見していった事だ。自分自身の持つ考え方では、残念ながら出来ない事が山ほどある、という事を身に染みて分かれば、考え方など簡単に変わる。その事が、習慣を呼び、性分まで影に追いやってしまうものである。

しかし、大方の人は、ここをいじくらない。だから、そういった人の「変わる・変えたい」というのは、「今日のファッションを」という程度のものなのだろうと思っている。そうなると、飽くなき欲望のごとく、あるいは回遊魚のごとく、次から次へと目移りした言葉や、自分の幻想に振り回されるのだ。

そういった人は、私のワークショップや、道場に来る人を見ていてもよく見かける。厄介なのは、当人がその事、つまり、自分の求めている、と思っている「求める」は、ファッションのようなも

武道
武道

のだと自覚していない事だ。「あなたの求めるものは、まるでファッションのようなものですよ」と言ったところで、「はぁ??」となるか「そうですか」の2通りの反応になるだけだ。この人何を言っているの?と思うか、他人の言葉をそのまま鵜呑みにするのか、その2通りの反応しかないのが普通だ。これは仕方がない。それは、その人自身の問題だから、私はそこには触れないようにするだけだ。

しかし、しかしだ。私達は例外なく向かっている先がある。それは人類普遍の向かう先だ。当たり前の事だが、私達人類は誰一人として例外なく「死」という世界へ向かい、やがて死を迎える。それが悲惨だとか、死後の世界は?という話ではない。死刑囚だから死ぬのではなく、ガンだから、事故だから死があるのではなく、何一つ例外なく、つまり、全人類平等に死を迎えるという事だ。もちろん、私もそうだ。多分、読者よりも年長だろうから、普通に生きたとすれば、私が先に死ぬだろう。という前提の元に、生きているという事だ。

その限られた「生」の時間だから、置いてきぼりを喰らう事もある。それに取り組む時間の量の差で、追いつかない事が出てくるという事だ。

例えば、私は武道を研究している。研究しているというのは後付だ。当初は、どうすれば強い突きを出せるようになるのか、だった。それを追求する事で、「力」とは何か?という問題を持った。

それが体重であり、体重移動だと気付き、次に重力に逆らわないという事に気付いた。だから、そうなる身体を作り出すという方向に進んでいった。同時に、相手の攻撃をどう捌くのが効率的かも考えた。それは、強い突きを相手も出すからだ。その強い突きは防げるのか?という問題だ。まさしく「矛盾」という文字の如くだ。しかし、防ぐのは無理だから当てられなければ良い、と結論付けた時に、当てさせれば良い、斬らせれば良いと気付いた。

もちろん、これらは40年程前の話で、これらからどんどん問題が現れ、それを越えて行く事で、また新たな問題が見え出す。そういった事の繰り返しをしているから「研究」なのだ。死ぬまでには、何かしらの結論を体現した状態になりたいと思っているが、もしかしたら時間に置いてきぼりを喰らうかもしれない。

10 出来るか出来ないかよりも、出来る為の取り組み方をしているかどうかだ。

自分自身の姿を知っている事の重要性

人それぞれに上達や成長曲線は違う。そういう事は、言うまでもなく誰でも知っている。私もその例外ではなく、知っている。しかし、知ってはいるが、武道の稽古をする人達を、何時も目の当たりにしていると、上達しない人を見ていて「どうして？　何が違うのか？」と、どうしても疑問が湧く。

とは言うものの、指示されている動作、例えば「型」だが、それをその通りにする事が出来ない人が余りにも多いのにも驚く。もちろん、その驚きは私自身のバイアスがかかった目で見ているからだが……。私が出来るのだから、誰でも出来るだろう、という目だ。

その通りにやる事が出来ない、というのは、何もいきなり正確に出来なければいけないという話ではない。正確に出来るように「取り組む事」が出来ないのだ。つまり、出来るようには取り組んでいない、取り組んでいる人が余りにも少なすぎるという話である。そんな姿を見る度に、「この人は道場に来て、どうなりたいのだろう？」と思ってしまう。

そもそも「武道」というものを、自分なりにでも認識している人が少なすぎる。それは、私の道場に限られるのかもしれないが。全く知らないまま、全く無関心の人もいるのだ。しかし、根本的に「武道」というものを認識していなければ、どうしてこの稽古をするのか、どうしてこんな約束があるのか、どうしてそうでなければいけないのかを理解出来る筈もないし、そこから発展させる事も出来ないし、稽古そのものが成り立たない。

もちろん、その一つひとつはその都度説明するから、「どうして」を知る事は出来るが、それを繋ぐ全体（武道の認識と実際）が無いから自分の中で繋げようもないのだ。ただ単に、例えば「木刀の素振りをした」あるいは「木刀の素振りが出来た」となり、その素振りとそこからの変化や応用に繋がらない。当然、全体としての技や型には仕上がっていかない。

そういった取り組む姿勢を見ていて、「仕事は出来るのかな？」と心配になる。その人の取り組み方は、そのまま仕事だし人生だ。それは、人は誰でも「それだけ」を別回路では出来ないからである。

身体操作を必要とするような事は、何よりも、自分の姿を知っている必要がある。もちろん、それは徐々に知れば良いのだが、その自分自身の姿勢にまず関心があるようには見えない。それは、自分は今どんな姿になっているのか、バランスが後ろに有るのか前に有るのか、指示された形や動きに近いのか？　そんな基本的な事だ。だから鏡を設置したり、動画を多用している。とにかく、自分自身の姿を知る事が一番大事な事だからである。

一般的に、大方の仕事や勉強は「自分の外」にある。だから、自分自身が自分自身の目で仕事を見て確認、あるいは、検証する事が出来る。だから、自分自身が何をしているのか、何をしたのかを知る事が出来る。だからその場で間違いを知り修正したり、訂正したりできる「筈」だ。この「」

付の意味は、見えない、見ていない人も大勢いるからだ。自分自身の姿に関心が無いとはどういう事かというと、自分が描く「思いや思い込み」だけに関心があり、その思いや思い込みと実際に稽古をしている現実とを混同しているのだ。それは稽古をする人の目を見ていればよく分かる。

仕事や勉強は、自分の外にある。だから、先ほど言ったように客観的に自分の仕事や勉強を検証したり確認する事ができる。しかし、身体を駆使する事は、身体が駆使された事が結果だ。つまり、「身体を駆使する事」自体を確認出来なければ、それこそ仕事が出来ているのか出来ていないのかが分からないという事だ。

出来る取り組みをしている人とそうでない人の違い

「出来ていく為の取り組みをしている人」には、共通する特徴がある事に気付く。と言うよりも当たり前の事なのだが、とにかく「観察力が優れている」事だ。「見様見真似」の入り口の事だ。手本をじっくり観察する、あるいは、ざっくり捉える、とにかくそういった方面に長けている事が共通する。そして、いきなり取り組むのではなく、自分なりに身体を動かし、そのシミュレーションをやっている。それで自己確認をしてから、実際に取り組むという作業に入っている。だから、指示された形や動きのざっくりとした仕上がりが早い。

この指示された動きや形を作り出すのが早いのは、クラシックバレエの人達だ。子供の頃から形を身体に取り込む事に慣れているからだ。中でも、世界一流のイギリス・ロイヤルバレエ他に所属するダンサー達は恐ろしく早い。もちろん、子供の頃から、とんでもなく厳しい競争社会で勝ち抜いて来た人達だからだ。以前、そのダンサーの一人に「どうして、形や動きを早くマスターするのか?」と質問してみた。答えは見事だった。「早く形や動きを覚えなければ、その中身を学ぶ事も、考える事も出来ないからだ」と答えてくれた。脱帽だ。

その言葉通りで、バレエの中身が難しいのだ。その難しさは、難度の高い動きの比ではない。もちろん、武道はそれ以上に複雑だ。それは「相手との関係」で成立させなければならないし、そこにお互いの生命が賭かっている事だからである。

「出来る取り組みが出来ない人」を観察しながら考えると、全てが先天的なものだけ、とは言い切れないと思う。つまり、その事を知らないだけかもしれない、と私は考える。だから「よく手本を見るように」と、これも指示を出す。でも、出来ない人に限って、それをしないのだ。単に知らなかった人は、見ようと努める。

また、身体に関わる仕事をしている人、例えばトレーナーとか、ボディワークの先生方だ。その職業通り、素晴らしい人もいるのだが、大方は真逆だ。真逆というのは、全く自分の姿を、つまり、自分のやっている事を分かっていない人だ。「え〜ボディワークの先生やろ?」と内心思う人達も沢山いる。実際に組んでやっても、自分の持つイメージ通りにしか出来ない。それを指摘していくと、まるで漫才のようになってしまう。「ちがう、こうやで」「こうですか」「いや、こうや」これの繰り返しだ。

先程のバレエダンサーとの会話のように、形や動きがざっくり出来ても、その上の段階がまるっきり出来ない人も多い。中身の事だ。「頑張ったらあかんで」と言うが、頑張る人が殆どだ。「最初は押し返したらあかんよ」と言うが、何時までたっても押し返す人が多いのだ。つまり、自分が相手に対して、どれほどの力を出しているのか、相手に対してどんな行為をしているのか、その事によって、相手はどんな感情を持つのか、そういった実際の関係、関係そのものを全く理解できないのだ。とにかく「私はこうしたい」や「私はこうする」しかないのだ。

もちろん、言葉としては、それに対する色々な注意を聞き分けている。が、行為になると、それは飛んでしまって「自分の思いに熱中してしまう」のだ。だから、武道の稽古は難しいというのだ。現実として、生命を賭けているわけではないし、もしそれをすれば犯罪だ。であれば、その真剣さをどこで持つのか。そのセンスを一番問われるのが武道の稽古である。

第4章

海外ワークショップ事件簿

1 何時も「通用するかな」と私自身を疑問視する。

世界

私が「嬉しい」と喜びを感じるとき、それは「わたし」が誰かに通用した時だ。

3月にパリに招かれ、武道のワークショップを初めて開いた。イギリスやベルギー、フランスでもパリから200キロ以上は離れているところから、空手や合気道をはじめ、色々な日本の武道に取り組んでいる人達が参加した。

「武道の要素」「武道としての身体の使い方」と題されたワークショップだから、外国の人たちにとって初めての体験だった。武道の、それぞれのカテゴリーや、個別の流派の大会はフランスでも多々あり、合気道などは一つの大会で3000人から集まるという。

そういった意味でも100名の参加は大成功だったし、私が通用した、つまり、私の武道への考え方が理解された、という面でも大成功だった。もしかしたら、私よりも武道歴の長い人なのでは、と思える年配の方もいた。そういった方たちから「日野さんのような、動きや考え方を見るのは初めてだ」と言われたら嬉しくなる。しかし、同時に日本の武道を長年学んでいるのに、どうして私が伝えようとしているようなことに気付かなかったのか、不思議に思う。また、どうして日本の師範の人達が、伝えないのかも不思議に思う。

日本の伝統文化は、何故か外国で支持を受ける。歌舞伎、文楽、日本舞踊、建築物、そして武道。それらの多くは家元制度のごとく受け継がれ、あるいは名のある師の下で修行し体得する。私自身は、そういった伝統の中で生活はしているが、直接誰かに習ったものは無い。私の周りの環境から学び取り、そこで湧き上がってきた疑問を一つずつ片付けていっただけである。しかしだからこそ、理解された時の喜びはひとしおだ。

私の心理の中には、何時も「通用するかな」と、私自身を疑問視する視点がある。だから、海外でワークショップを開くとなると不安になる面がある。それはこの「通用するかな」は、世界は広い、という文字通りの言葉を持っているからだ。ということは私自身よりも、色々な面で遥かにレベルの高い人がいるだろう、という思いがあることだ。そして、海外に指導に行かれている先人の方たちに、私ごときがおこがましいという思いもある。だから、自分自身を研ぎ澄まそうと努力するのだ。そして、その自分よりも高いレベルの人に出会え、私自身の目標が出来ることを祈っている面もあるのだ。

〝難しい〟

「胸骨からの連動」や「背骨の連関」、そして「無意識的な反射」など、教室では何時も行っている稽古をそのまま展開した。初めてのワークショップなので二日間だけだから、色々な要素を矢継ぎ早に展開した。フランス人はラテン系なので、それほど大柄な人はいない。とはいっても、女性でも私よりも全員背が高い。会場には身長2メートルはあるだろう、と思われる人も、100キロ以上はあるだろう、と思われる人もいた。色々な武道に取り組んでいるだろうことは、道着の種類が多様なことでよく分かる。

主催者が「これだけ色々なジャンルの人が集まるワークショップは、フランスでは初めてです」と主催の意図が行き届いたことを喜んでいた。

「よろしくお願いします」正座をし、日本の教室での何時ものパターンでワークショップを始めた。

TAPIS A

まず身体というものに軽くふれ、その機能の一つを使った武道的な動きを見せる。そして「どうぞ」とふる。「えっ」という顔と共に、取り組む。「えっ」というのは、参加者にとって初めて見る動きに戸惑ったものだ。しかし、それを数回続けると、参加者の顔に子供のような笑みが浮かんで来る。初めての動きにチャレンジする面白さにである。

色々な人に受けをとってもらったが、最初はみんな私の体格を気遣ってか、私に恥をかかせまいとか、柔らかく手を掴んだり胸を掴んだり、突きはあらぬ方向に向けられたりしていた。その都度、私は「もっと強く、力いっぱい」とか「どこでもいいですから、ちゃんと突きを入れてください」と指示をしていった。「良いのか」という顔をし、次はニコニコ嬉しそうな顔になる。100キロを超える人を崩したり、3人掛けなどで2メートルくらいの人を投げ飛ばすと、全員フリーズ状態になる。

一コマ3時間のレッスンは、瞬く間に終わる。終わる頃は、全員笑顔だった。

「日野はマジシャンだ」どのジャンルの人か分からないが、嬉しそうな顔をして私に声をかけた。そうだ。身体というものの微妙な反応や機能をフルに使い、また、それを説明しながら展開していくワークショップは、彼らには全く未知のものだった。しかし、私の身体に対する説明に納得し、意識というものの弊害をつくづく認識していった。「頭を捨てなければ駄目なんだ」みんながそう思った二日間だった。「次は何時《いつ》だ？・」「来年もするのだろう？・」日野理論に好奇心を持ってくれた言葉を最後に聞かせてくれた。

パリでのワークショップは、大成功の内に終わった。胸骨操作、身体を感じる、相手を感じる。どれもこれも武道での最重要要素だ。だから難しい。しかし、この難しいが曲者なのだ。運動としての動きが難しいと捉えているのか、その中身を難しいと捉えているのか、そこが分かれ道になる。

フォーサイスカンパニーのダンサー達は、見た目の動きなど瞬く間にこなす。武道の合宿に参加したカンパニーのダンサーが、動きを覚えるのが誰よりも早かった。武道の人たちは、残念ながらそこに時間がかかりすぎる。この違いは、「動き」の「中身」に本質がある、という考え方に気付くか気付かないかに大きく影響する。なぜなら動きが出来ても、私のようには出来ていないと直ぐに分かるからだ。動きを瞬時に追えなければ、〝動きが難しい〟というところから前には進まない。だからそういう人たちにとっては〝動きが難しい〟となる。

パリの武道ワークショップを終え、ドレスデンで公演をしているフォーサイスカンパニーの面々に会うためドイツへ飛んだ。フォーサイスが私の為にパーティを開いてくれた。還暦のお祝いパーティだ。

フォーサイスが「私の人生を変えてくれた日野さんに」と、嬉しい言葉と共にプレゼントをくれた。

フォーサイスとの出会いも、私自身の喜びの一つだ。私が通用した一人だからだ。

フォーサイスが嬉しそうに「日野は私よりも二つ年上だ」と、若い自分を強調していた。そんな無邪気な面が、凄まじい創作意欲を支えているのだろうと、つくづく思った。今年のカンパニーのスケジュールは凄まじく忙しい。再来年以降の、フォーサイスの動向が全く白紙なので、世界中から公演依頼が相次いでいるからだろう。その忙しいカンパニーでの今年のワークショップは、9月に開くことに決まった。同時に、フランスの二回目のワークショップもその前後にと決まった。

2 外国人は、「見えていること」しか理解できない。

違うんやな……

イタリアは色々な意味で勉強になった。人種が違うということは感性が違う、ということを分っていたつもりだったが、それは文字通りつもりだった。「違う」ということは、本当に何もかもが違うのであって、色々と同じで一部分が違うということではない。そんなことを、じっくりと体験した今回のイタリアでありワークショップだった。良いとか悪いとかということではなく、違う。それが本当に新鮮だった。

同時に、3年続いているドイツのフォーサイス・カンパニーのダンサー達が、どれほど高いレベルの人達かを知った。レベルのことは、見ただけでは本当のところは分らない。それは、ジャズを演《や》っている時に何度も体験している。聴いている時は、「これくらいのレベルなら一緒に演奏しても ひけをとらない」と思って一緒に演奏したら、音楽の深さに圧倒されたり、ドライブ感の凄まじさに息を呑んだりという経験がある。もちろん、その逆もある。「凄いな」と思っていても、実際に一緒にすると、「何や、それだけかい」ということもある。その意味で、イタリアではフォーサイス・カンパニーの前身である、フランクフルト・バレエ団の時在籍し、今では世界的に有名なダンサーもいたし、私をこのイタリアのワークショップに紹介してくれたダンサーも、ブロードウェイ系の有名なダンサーであり振付家だ。フォーサイス・カンパニーとは、少し畑が違うが、どの講師も一流の人達だった。だからこそ、安藤洋子さんやフォーサイス・カンパニーのダンサー達の優秀さを理解できたのだ。

イタリア南部、長靴の先の方に位置するトロペアの昼は、子供の頃の夏休み、親戚の家や叔父の家に遊びにいった時の時間の流れと酷似していた。痛いほどの暑さ。セミの声がうるさく昼寝をさせない。ゆったりとした時間の流れ、時間は進んでいるのか止まっているのかわからないほどゆったりと流れる。そんな夏の一コマを思い出させてくれた。驚くほど透明度の高い海水浴場。混雑の具合は、日本のそれと変わりない。違うのは、ビーチパラソルが林立している中でも、サッカーに

興じる若者達が多かったことだ。この満員電車のような場所でよくやる。それほど、他人への迷惑など全く考えていないのだ。というよりも、「他人への配慮」という考え方など、イタリア南部には無いのだ。これも違いの一つだ。であれば、私の言う日本の武道など絶対に無理だ。

そんなまどろんだ時間を体感している時、現代の日本のセセコマシサが馬鹿のように思えた。むろん、そのセセコマシサが経済の繁栄をもたらせてくれているのだが。

出来ることと出来ないこと、そんなことも、今回の旅は明確に教えてくれた。イタリアでは、小学生の頃体育という時間は無い。だから、前回りのような簡単なこと一つ出来ない。知らないことは出来ないのだ。ワークの中に前転が入っている。前転など子供の頃に誰でもする、と思っていたが、これも学校教育、学校体育の成果だった。イタリアには、日本の学校のような体育の授業は無い。サッカーがほとんどらしい。だから、前転するのを怖がったのだ。「違うんやな」この時、本当にそれを実感した。

出来んのやな……

買い物をしてレジで精算をしようとしても、レジの人が電話でもかけていたら、絶対にその電話が終わるまで、精算をしない。そんな国だからと、当然腹も立たない。大らかな国イタリア、そう呼ぶしかない。

ローマで乗り継ぎローカル線へ。トロペア空港に着いても迎えのバスはいなかった。しばらく待ち舞紀さんが主催者に電話を入れた。もう15、6分で着くという。ということは、我々が到着した時に迎えに出たということだ。そんなもんか。暑さと場の力で最初から腹も立たなかった。本当に不思議な国だ。

同じように帰国する飛行機に乗るため、ホテルで空港まで送ってくれるバスを待つ。指定された午前8時に集まっていたのは、日本人と韓国人だけだった。8時を過ぎた頃、ほとんどの人が集まっ

ていたが、肝心のバスは来ない。30分経ち、1時間経ち、待っていたバスではなく、リムジンバスのような小ぶりのものが来た。全員は到底乗れるはずも無い。荷物を乗せるドアを開けて、とりあえず荷物を乗せた。

そんな、予期せぬトラブルが山ほどあったイタリア旅行。イタリア人に聞いても、南の方はそんなものだという。来年も、とオファーがあるが。

イタリアでのワークショップ初日の初心者クラス。日本での私の教室へイタリアから来ている女性に、イタリア語での挨拶を教えてもらっていた。それを披露しようと思っていたのだが、面子を見て止めた。東京の教室のように、いきなりワークを始めた。15、6歳の少年が混じっていた。大丈夫かな、と思っていたが、案の定、大丈夫ではなかった。もう一人、若い女の子が混じっていた。余りにもどうにもならないので、「こいつはアホの子か、保護者を呼べ！」と通訳をしてもらっている、マリコさんと話していた。翌日、何気なくその女の子の年齢を聞いて驚いた。何と12歳だった。そりゃ出来なくて当たり前、分らなくて当たり前。しかし、アホの子と思わせるほど、身体は見事に発育していた。身長は私よりも高く、見事なプロポーションにきれいな表情。大人びた仕草。日本人なら誰が見ても、もうすぐ20歳に見える。主催者の娘さんだった。それに、どう見てもおっさん……ドイツの人だ。合気道をやっており、日本の文化に大変興味があるようだ。オタクのような若者。おばはん。一寸おかしい姉弟。やたらと動き回る若い女性。まるで動物園のようなクラスだ。「なんじゃ、これ！」

上級者クラスは、色々なダンス学校の生徒達が多かった。その分、理解度も高い。胸骨操作からねじれへ。しかし、「身体を感じて欲しい」というのは、意味がサッパリ分らないようだった。見た目の動きを真似るのが精一杯だ。外国人には「見えていることしか理解できない」ということを知った。であれば、武道を伝えるのは本当に難しい。しかし、これは考えなければならない問題だ。次のフランスでのワークショップまでに答えを出してやろう。

しかし、真夏のくそ暑い太陽が照りつけるプールサイドに、黒か紫か分らない玉虫色のシルクのスーツを着て座っているのはおかしいだろう。そんな連中がうようよいた。本当におかしい南イタリアの旅だった。

3 何さらしとんじゃ、向こう行け！

伊太利亜行記

ルキノ・ヴィスコンティの映画「ベニスに死す」や、ウィリアム・シェイクスピア原作の「ベニスの商人」で知ったベニス。水の都ベニス。また、ベネチアガラスでも有名なベニス。

フランクフルトから飛行機に乗りミラノへ。ミラノ空港から、リムジンバスに乗り継ぎミラノ中央駅へ。そこから、列車で3時間程でベニスに到着。

しかし、ヨーロッパの航空チケットの安さには驚く。フランクフルトからの往復だと8000円だ。しかも、ルフトハンザ航空での値段である。もちろん、もっと格安のチケットもネットでは溢れているが、私のように語学も達者ではなく、旅慣れない者にとっては信頼できるチケットに限る。

ミラノ中央駅で、出迎えてくれた生徒と、そのご両親とでカフェへ。イタリアと言えばカプチーノ。別段特別な味でもなかったので拍子抜け。というより、店にもよるが日本のカプチーノが優秀だということだろう。

午前11時50分列車は出発する。私たちは、列車に乗り込もうとプラットホームを歩いていた。後ろからお父さんが「今、私の後ろを歩いている人をよく見て、泥棒だよ」という。なるほど人相が悪く、イタリア人ではない。私は、その男の顔を覚えた。バッグを列車に乗せようとするが、ホームがかなり低く、列車に乗せるのには往生した。すると、列車のドア近くにいた青年が、バッグを乗せるのを手伝ってくれた。「グラッツェ」青年は愛想よく、どういたしましてと答える。

席を探しバッグを置き場に入れると、先ほどの泥棒が席を探している風だ。「とにかく、ミラノ駅では日本人が泥棒に狙われるのが多い。きっと、私たちが日本人だから狙われているんだ」と何気なく話す。男が近づいて来ると、イタリア語で「こいつは泥棒だから気をつけて」と言った。多分男に聞こえた筈だろうが、男は何食わぬ顔をして、私たちの後ろの席に座り、携帯電話で何やら話していた。

「お父さん、今に殺されるよ」と生徒。泥棒に泥棒と言い、たまたまその現場を目撃したら、泥棒の後をつけ車のナンバーを控え被害者に渡して上げるそうだ。麻薬の売買も日常的にあるので、それも目撃すると警察に通報するという。何とも、一本の頼もしいお父さんである。

そうこうする内に列車の発車時刻になった。我々3人を列車に残し、ご両親は車外へ。するとホームから携帯で「泥棒は列車から降りていないので、本当に気をつけてね」とアドバイス。大丈夫、私はそんな地区で育っているから、滅多なことでは被害者になりません、と答えていると、列車はホームをゆっくりと離れた。

後ろの席の男はまだ携帯で話している。先ほど、私がバッグを列車に乗せるとき、手伝ってくれた青年がこちらに歩いてくる。私たちの席の前で、パンツのポケットを探り何かを探しているようだ。この青年も泥棒のグルなのだ。本当に演技がうまい。私は通路を挟んだ隣の席に移り、どういうことをするのか楽しみにしていた。後ろの座席の男と目が合った。もちろん、視線を外すことはしない。男が視線を外し携帯に集中するフリをする。

列車は次の駅に止まるが、男はまだ降りない。フランクフルトでは朝5時に起きたので、睡魔が襲ってくるが、それを払いのけた。結局、何事も無くベニス駅に到着した。

駅構内を出ると、水の匂いと適度な湿気が心地よく身体を包んでくれた。それは日本の空気の感じと似ているということかもしれない。タクシー代わりの船に乗り、まずはホテルにチェックイン。

ベニスを二分する大きな運河を海の方に向けて走る。潮の香りが疲れを取ってくれる。ホテルはこじんまりして可愛いホテルだ。場所柄大きな部屋を確保できる建物はない。ホテルで一段落してから夕食にでる。地元の人が集う食堂へ。人がすれ違えない程の細い路地を、いくつも抜ける。

子供の頃、家の周りにはここベニスと同じような細い路地が幾つもあった。そこは、子供にとって格好の遊び場所だった。かくれんぼうや、それに類する様々な遊びにとって、その路地は抜け道であり、隠れる場所だった。あるいは、空想の世界の入り口だったりもした。路地を抜け、他人の家の庭を横切り、塀を乗り越え屋根に上り、適当なところで飛び降りると、子供達は走り抜けた。そんな懐かしい匂いがプンプンする街だ。

観光客が行き来し、まるで縁日のような賑わいだ。ベニスは5月が一番良い時期だそうだ。地元のパスタは滅法美味しかった。特に野菜は素晴らしい。日本の過保護に育てられたものではなく、自由に伸び伸びと育ったという感じの味だ。つまり、味があるのだ。なすびも胡瓜も人参も。とにかくヨーロッパの野菜は美味しい。

ムラーノ島は、ベネチアガラスの職人たちの島だ。その昔は、ベネチアの経済を支えていた為、ガラス工芸の技術を外に出さないよう、職人たちをその島にある意味で幽閉していたそうだ。島のいたるところに、ガラス工芸のオブジェがあり、その技術の高さを誇っていた。このムラーノ島へは船で15、6分だ。その路線のある船着場で待っていたら、沢山の観光客が今着いた舟に乗り込んでいく。船員に「ムラーノのミュージアムに行くか」と聞くと行くという。早速乗り込んだ。しかし、船は止まらない。そればかりか、どんどん沖に向かって進んでいく。いやな感じになって来る。40分ほどである船着き場に止まった。そこはなんとブラーノ島だった。そんな失敗も旅の面白さだ。

ベニス3日目はゴンドラに乗った。親子代々ゴンドラの漕ぎ手だそうだ。自分の息子も今勉強させていると言う。日本は文化があるので大好きだそうだ。中でも、微妙な技術が必要とされる刀鍛冶が好きで、テレビでそれを紹介されていたのを録画して、毎週見ていると。本当か嘘かは別にして、そういうことをきちんと話すのが外国の人の良いところだ。その船頭さんに、私は日本の武道家だ、というと、ものすごく喜んでくれ、船を下りるとき、仕事に使っている帽子をくれた。

全長11メートルもあるゴンドラを、巧みに操りながら細い水路を進む。まるで音の無い世界のようだ。時折、艪が水音を出す程度だ。細い水路は石造りの建物に挟まれている。「オーソレミオー…」と歌ってくれる声が、その建物に反響し丸く太い声に、より丸みをつける。ベニスには自動車は無い。だから妙な静けさがある。妙な、というのは、観光客が山のようにおり、その話し声がうるさいのだが、鳥のさえずりが聞こえるからだ。

ゆったりとした時間。船頭は100年前と同じ時間だと言う。そして、それが現代の今、ここにあることに誇りを持っている。どんどん新しいビルが建つ日本とは大違いだ。

ミラノに戻る。大聖堂広場で、ジプシーのスリに出会った。まだ、こんな古典的な方法が通用するのかと思った。その方法は、目の前に大きな紙を広げ、何やら話す。紙は私の鞄を覆うようにし、話に気を取られている間に別の者が鞄を開け、めぼしいものを盗むというものだ。「何さらしとんじゃ、向こう行け」巻き舌でそう怒鳴ると、驚いて去っていった。

その夜、ミラノ駅から空港まで列車で移動。しかし、空港まで直行の筈が、列車は途中で動かなくなってしまった。バスに乗り換えろ、と指示され、バスに乗り込む。バスは空港に着くが、そこはホテルの送迎バスの発着場所ではない。ホテルに電話を入れ、場所を聞く。本当に、色々なことがあった旅だった。

4 こいつらが、出来るようになって何の意味がある？

フランスへ

吉祥寺の公演を終え、大阪教室。そして、毎年2回行われているパリでのオープン武道セミナーへ。帰国後すぐに神戸でのダンス公演。この日程はかなりハードだった。身体が、というよりも、頭の切り替えがハードだった。

今回は、昨年私のミスからキャンセルしてしまったブリュッセルへも行く。25日夜23時30分、関空からエミレーツ航空で一路ドバイへ。ドバイでの乗り継ぎを選んだのは、乗り継ぐ時に一度地上に降りることが出来るからだ。前回は、当日チケットが無く、急遽エミレーツで飛んだ。その時、旅程が楽だったという体験から、乗り継ぐ便を選んだのだ。座席も少し広いのでゆったりする。機内食には、ちゃんと金属のナイフやフォークが付く。プラスチックの使い捨てではないのが良い。ドバイの空港には、喫煙可能なバーやレストランがある。そこでビールを一杯。煙草を一服。思いをパリのセミナーに馳せる。やはり、このルートを選んで正解だった。気分的に切り替えがきく。

パリは、個人の道場でのセミナーと、いつもの体育館でのオープンセミナーの2種類のセミナーを行った。パリの場合は、3年目になるので、2／3は常連の人達だ。もちろん、いくら常連だといっても、やることが難しいので、何時も初心者と同じだ。ほんとの初心者との違いは、余計な質問はしないことだ。

フランス人は納得しないと、あるいは、理屈がしっかり通っていないと取り組まないと聞いていた。しかし、それは嘘だ。こと私のセミナーでは、最初の1、2回は質問があったが、それ以降は全く無い。そうか、一人いる。一人だけ全く分かっていないのがおり、それは毎回セミナーとは関係の無い質問をし、周りの失笑をかっている。「頭を納得させることが目的なのか、やれるようになることが目的なのか」という質問を逆にしたから、言葉と実際の違いを感じ始めている。だから、質問はしない。看取り稽古に精を出すのだ。

しかし、今回のセミナーは、私にとって非常に有意義なものになった。もちろん、パリでのセミナー

は、何時も勉強になっている。体格や身体能力が日本人とは、全く違うので、日野身体理論がどれほど実際に適応するのかの、一番良い検証場所だからだ。

今回は初めてブリュッセルでも2日間セミナーを開いた。どんな反応になるのかは、概ね想像はつく。しかし、実際はどうかは全く分からない。だから面白い。

ブリュッセルで会場となった道場。これが素晴らしい。階段を上がるとレストランのようにテーブルが並び、何とその奥にはカウンターバーまであるのだ。私たちはギリギリに、会場に到着したので、受講者がそれぞれカウンターで何やら飲んでいた。パリの会場は、比較的若い人が多い。むろん、先生方もいるから、必然的に年配の方もいる。しかし、総じて若い感じがする。逆にここブリュッセルは、パリよりも年齢層が高い感じがする。きっと私と同い年か、私より上かもしれない、と思える人も混じっている。

ここブリュッセルでも、色々なジャンルの先生方が多い。色々な種類の道着が混じっている。年齢が高いというのは、もしかしたらそれは単なる印象で、本当はどうかは分からない。もちろん、そんなことはどちらでも良いのだが、実は、その年齢層が高かった、ということが、「武道に取り組む」とはどういうことか、を改めて考えさせてくれたのである。

武道は〝運動〟か？

何とも楽しそうに、ああでもない、こうでもない、と取り組んでいる姿に、何の焦りも窮屈さも無いのだ。もっと言葉を並べれば、やらねばならない、や、こうなりたい、という欲すら見えない。しかし、真剣に胸骨一点を探し、そこを動かすように試行錯誤している。その集中された姿は、日本でも相当私の稽古に慣れている人の姿だ。

そういった人が多いので、道場は心地よい緊張感、密度の濃い空気感がずっと続いていた。その反面、意識散漫な人達も少数だがいた。その人達は、一般的に言う熱心な人達だ。そのように見えるのだ。その人達は、胸骨の一点を探すのではなく、「そんな運動」をしていた。そう、見た目のことを自分なりに解釈しているのだ。だから、直ぐに出来たようになる。するとどうなるか。もちろん飽きてしまうのだ。

一方の人達は、雑談もせずに黙々と組んだ相手と、胸骨を探り続けている。

私は「運動ではありません、自分の身体を知る為の一つの方法です」と説明した。しかし、運動として捉えている人達は、そこを修正することが出来ない。意味が理解できないのだろう。「身体を動かす＝技」だと思い込んでいるのだ。

その道場の人同士が、じゃれあっているようにしか見えない。片方の人は先生だろう。だから、もう片方の人に、私の見本を色々と説明し、それを自分がやり弟子に見せている。むろん、間違っている。というよりも、私のやっていることが分かるわけが無い。

それは、私の動きを初めて見るからではない。運動という概念も、胸骨という概念も持っていないからだ。そんなことも分からないとは、こいつらアホか、と思う前に、こいつらが、胸骨操作が出来るようになってどんな意味があるのだ?と考え込んでしまった。

つまり、私が指示する動きには、私の作り出した概念があり、培われた身体の中に理論が形成されている。しかし、初めて観る人、私以外の人は、私の身体の中に培われたものを知らない。だから、その場で見えている動きを、一つの運動としてだけ捉え、それをやり、ある程度そのような運動になれば出来た、となるのだ。

ということを考えたとき、その昔、日本からフランスに渡った幾多の武道家は、誰一人として理解されなかったのだろう、ということが見えた。つまり、何をしても「運動」としてしか捉えられないということだ。

「大事なのは動きではなく、相手との関係です」

接触点、あるいは面、あるいは気配。そこが一番大事だと、口を酸っぱくして話した。だから、私は全員と組み稽古をした。感触を感じてもらう為だ。運動ではない、腕力ではない、ということの実際を体感して欲しいからだ。つまり、日本の伝統と呼ばれる武道は、目に見える身体運動だけで出来上がっているのではなく、相手との相互関係の中で創り上げられ、出来上がっていくものだということを知って欲しいからだ。

「西洋のスポーツではないよ。あなた達にとって、異国の文化だから学ぶのは本当に難しいのですよ。私があなた達の文化を学ぶのが難しいように」

年配の人達は、楽しそうに取り組んでくれる。そんな姿は日本で見かけたことはない。外国の人特有の楽しみ方なのかもしれない。武道など言葉としては存在するが、実際には存在しない、存在できない時代だ。その時代において、武道に取り組むとはどういうことなのか。そんなことを改めて考えさせてくれるブリュッセルだった。

5 教育されていなければ、出来なくて当たり前。

〝緑と太陽の町〟……それは単純なる我が思い込み

バレンシアと言えば、バレンシアオレンジ。緑の平原がどこまでも続き、そこにはジュースをたっぷり含んだバレンシアオレンジが実っている。というような貧困な想像しか出来ない。バレンシアでワークショップをするということが決まった時、その程度の認識しかなかった。主催者はホテルにスパがあり、近くに泳げるところがあるから、海水パンツを持って来ることと連絡があった。

6月30日トルコ航空でイスタンブール経由でバレンシアへ飛んだ。イスタンブールは、もちろんトルコだ。乗り継ぎの時間が5時間もあるから、トルコの雰囲気を味わえるかなと喜んでいた。

関空を飛び立って、そろそろ飽きかけた時、飛行機はトルコ・イスタンブールにあるアタテュルク国際空港に到着した。手荷物検査を経て乗り継ぎのフロアへ。「何のこっちゃ」別段変った事はなく、どこにでもある免税店ばかりだ。どこにでもあるブランド品、どこにでもある飲食店。その光景にいっぺんに疲れがでた。

疲れが出てからの待ち時間、数時間は苦痛でしかない。カフェでダラダラと時間を過ごし、バレンシア行きに乗り継ぎ、一路スペインへ。果たして緑豊かな平原が目の前に広がるのか。昼過ぎバレンシアの空港に到着。形だけの入国審査があり、バッグを持って表に出た。

外では現地の世話をする人が迎えに来てくれていた。私を見付けるとすぐに寄って来て「こんにちは」とケースを持ち外の車へ。スペイン人特有の人懐っこさと、フレンドリーな笑顔。日本の大学に短期留学していたので、日本語が少しできる。

彼の車でホテルへ向かった。高速道路を快適に走り抜け市街地へ。ヨーロッパの街並みという感じの細い街路を抜け、幅の広い道路、いわば新市街へ到着。そこの一角にあるホテルにチェックインをした。

チェックインをしてから気付いたのだが、空港からホテルに着くまでに、想像していたような緑の平原もバレンシアオレンジが実った場所もなかった。ホテルはアメリカタイプとでもいうような

近代的なホテルで、スパやトレーニングジム、大型商業施設が併設されている。一歩外に出ると、近未来的でドイツにある方が似合いそうな馬鹿でかい建物が並ぶ。その建物の一つは科学博物館であったり、３Dの映画館、そして水族館他やオペラハウスだ。いわゆる百貨店やスーパーマーケットもかなり大きいのがある。しかも、それらの建物の一つはイベントに応じて対応出来るようになっているという。F1レースが行われる時は車の走る道路の一部に変化したり、テニスコートになったり、水が張られたりと、色々な競技にも対応出来るという。

実はバレンシアは、スペイン国内で一番元気のある街なのだそうだ。農業も工業も。そして、この地域は科学と芸術の街として、新規に開発されたところなのだ。オーケストラを作り、世界で著名な指揮者達を招聘し、〝目指せベルリン・フィル〟だそうだ。

〝挨拶〟……するかしないか出来ないか？

このホテルに来て一番気になったのは、街並みがヨーロッパ的ではないような感じだ。どちらかと言えば、グァムのようにアメリカ的だ。

時差ボケも手伝って、朝早く目が覚める。部屋は禁煙だから、外に出て煙草を吸う。日中は30度を超えるが、朝夕は長袖のTシャツがいる。この地域のホテルには、世界各国からバカンスを楽しみに人が集まっている。このホテルも同じだ。だから、エレベーターで色々な国の人と一緒になる。しかし、例外なく挨拶をするのが気持ちが良い。先に降りる人も必ず挨拶をする。もし荷物を持っていたら降りるまで外で開くボタンを押していてくれる。そこでまた挨拶を交わす。日本では、ほとんど体験しない。いくらこちらが挨拶をしても無視だ。若い人は時々反応してくれる。話は全く変わるが、駅員さんに対する暴力が増えているという。その加害者は60代から上がトップだそうだ。それくらいマナーが悪い、団塊の世代以上の日本。挨拶が無くて当たり前か。

バレンシアでのワークショップを終え、ピカソを見る為に列車でバルセロナへ行った。そこでも親切にされた。列車の中でスーツケースを網棚に上げるのに苦戦していると、男性がすぐに手を貸してくれた。本当に有難かったので、思わず握手をし〝Gracias〟だ。バルセロナに着き、降りる時は若い男性が助けてくれた。普通の事が普通に行われているだけなのだが、普通じゃないのが日本だから有難さが身にしみる。

しかし、面白い事に気付いた。いや、これも当たり前かもしれないが。それはバルセロナのホテルでの出来事だ。バレンシアでは気持ちの良いエレベーターだったが、こちらでは最悪だ。というよりも日本と同じだった。誰も挨拶などしない。我先にと乗り降りする。ここバルセロナも、バカンスのシーズンだから物凄い数の人だ。カタルニヤ広場への道で、その道では路上パフォーマンスが繰り広げられ、日本の屋台のようなものや、カフェなどがオープン席を出している。そんな事情だから、必然的にそこに人が集まる。それこそ、渋谷の交差点並だ。

その人達をオープンカフェに座り観察していると、バレンシアで合った人達とは明らかに違う事が分かった。どちらかというと、地方から出てきている人達が多いのだ。地方が悪いというのではない。そんな人達にマナー教育がなされていないことが悪いのだ。もちろん、それがあっても守らない日本人が沢山いるのだから、教育されていなければ出来なくて当たり前だ。

バルセロナではタパスという、日本の一品料理のような料理を食べた。その中のカリカリに焼いたパンに、トマトとニンニクを擦りつけたパン・コン・トマトは秀逸だ。無茶苦茶、無茶苦茶美味しかった。ただ、それも店による。美味しかったのは、ガイドブックに載っていた店で、ホテルの下のレストランで食べたら、値段は倍ではなく数倍し、その上不味かった。

6

自分が取り組んでいる事に対して、自分の力で答えを出せないような人は、何事も成す事は出来ない。

ストックホルムの大学で

「このエクササイズをやると、どうなるのですか」

「自分で考えて下さい」

「……」

自分は何者なのか、何をしようとしてこの場にいるのか。そこに答えはある。そこにしか答えは無い。しかし、往々にしてこの質問のように、自分はどんな目的を持ち、この場にいるのか、というのを忘れて「エクササイズ」だけを取り出して、自分で勝手に迷うのだ。

エクササイズと自分のやりたいことを結びつけるのは、自分の頭である。もちろん、エクササイズそのものの目的はある。「自分の身体を知ること」である。しかし、それとて結局のところ、自分は何者でどこに向かっているのかが決めることであって、当事者ではない先生が答えを言う事ではない。当たり前だ。

にもかかわらず、他人にその答えを聞く人が多い。特に若い人に多い。それは、外国とて同じだ。もちろん、全ての若い人ということではない。

これを書いている今、スウェーデンのダンスとサーカスの専門大学で指導をしているが、やはりこの種の質問が多く出る。その都度、そう答える。専門大学に通っているにも関わらず、こんな質問が出るのは理解できない。

そういった若い人の指導を沢山している人は、私のような答えは特にヨーロッパでは駄目だという。そういう答え方をすると「不親切」「分かり難い」と苦情が出るという。

何か間違っていないか。少なくとも自分自身の事に取り組んでいるにも関わらず、他人にレールを敷いて貰おうとするのは一体どういうことか。意味がさっぱり分からない。

もしも私のやり方を「不親切」で「分かり難い」とするならば、それで良い。自分の力で物事を考えられない人、考えようとはしない人には、理解出来る筈も無いからだ。根本的には、自分が取

DOCH大学にて。（スウェーデン・ストックホルム）

り組んでいる事に対して、自分の力で自分の答えを出せないような人は、何事も成す事は出来ない。

これは若い人だけの事ではない。ヨーロッパは特にその傾向が強いという。そこには論理優先という風土があるからだ。「論理的にというならば、いくらでも説明してあげるよ。でも説明を理解できても出来ないよ。試そうか」そんな話になる。

私にはその考え方が根本にあるので、外国であってもそこを曲げることはしない。「これはあなたの身体でしょう。私の身体ではありませんよ」そんな言葉が常に出る。

これらの現象は「頭が納得する」ということが、最重要事項だと勘違いしているかそれは、教育の流れが世界的にそうなっているからである。そして、そこに含まれている「間違ってはいけない」「最短距離を行きたい」という、現実とはかけ離れた根本的な考え方が、それを増幅させているのだ。最短距離などどこにもない。強いて言うならば、正しい間違い方をすることだろう。正しい間違い方をやっていれば、それが最短距離になる道だと言える。

〝稽古〟

外国では仕方なくexercise, classes, workというような言葉を使う。というよりも、そう通訳される。それは「稽古」という言葉が無いからだ。

ここで言う「稽古」というのは、身体で考える哲学である。つまり、そこに用いられているテーマとしての動きから、先人を辿ったり、先人の考え方を理解する為の時間のことである。単純化して言えば、目の前にある時間、想定内の時間の中で何かしらの成果を求めるものではなく、成果を求めることを目的としないことだ。○○の為の練習、ということではない、ということである。自らの自我や自意識を分析していくこと、そして、その自我や自意識を先人に近づけ成長させることを、身体を通して行う事を稽古という。

これらの意味を総合して、私は自分の決めた何かに終生取り組むことを稽古と理解している。その意味において、限られた時間内で終わり、それなりの成果の見える練習ではないしレッスンでもない。だから、そこを説明するのに時間を割く。だから、その場の達成感を求めている人には、私の教えている事は合わない。

もちろん、それを押し付けるのではなく、そう考える人は外国にもいるのでは、と思うからそういった説明をするのだ。

西洋から発生したダンス。よくこのエッセーで触れている、その最先端のトップであるフォーサイスカンパニーでも、最初にこの説明をした。もちろん、そんなことは通じない事だと思っていたが、私の考えは完全に間違っていた。カンパニーのダンサー達は、私の説明した稽古という考え方に深く共鳴してくれたのだ。

それは、ダンサーの寿命が短いという背景もあるからだろうと思った。しかし、よくよく考えると、そんな背景のせいではないと分かった。それは、今教えている大学の生徒達と似たような年代のダンサーもカンパニーにはいて、誰よりもその話に食い付いたのは、ベテランのダンサーではなく、その若いダンサー達だったからだ。大学でダンスを習っている生徒、片や世界のトップカンパニーで活躍しているダンサー。

同い年くらいの若い人だが、既にそれほど差がある、つまり、カンパニーのダンサー達の感性は人並み外れて素晴らしかった、ということだ。逆に言えば、感性が人並み外れて優秀だから、20歳そこそこで世界のトップクラスのカンパニーで活躍出来るということでもある。彼らに言わせると「えっ、ダンスを大学で習うの?」ということになる。同じヨーロッパの人達同士でも、それくらい開きはあるということだ。

今回、この大学に私を招聘することを勧めたのは、フォーサイスカンパニーにいたティルマンだった。彼と出会った当時は、ここの大学生と同い年くらいの時だ。私のワークの何が重要なのかを、その時点で理解していたのだ。今回も、生徒に混じって、誰よりも熱心に身体を探っていた。「出来ない、ここが繋がっていない」独り言をつぶやきながら身体を動かしている。「出来ない」という言葉は、生徒達も使うが、生徒のいう〝出来ない〟とティルマンが使う〝出来ない〟は、質的に全く違う意味である。という説明もついでにした。それは、同じ言葉を使っていることで、若い人は味噌もクソも一緒くただと思ってしまう危険があるからだ。

来週は、Cullberg Ballet だ。もちろんティルマンも一緒に行く。ティルマンは新作を振付る。

7 モスクの中は、外なのではないか？

親日国〝トルコ〟

西洋と東洋の接点の国トルコ。トルコと言えばムスターファ。あるいはウスキュダラだ。「何のこっちゃ？」これを読んでいる人は知らないだろうけど、ムスターファは私が中学生の頃だったと思うが、故坂本九ちゃんの唄で「遠い昔のトルコの国の〜」と歌い出す「悲しき60歳」という題名の歌が流行っていた。ウスキュダラは、「ウスキュダラはるばる訪ねてみたら〜」と昭和29年、私が6歳の頃流れていた唄だ。これも今は亡き江利チエミさんが歌っていた。イスタンブールにあるウスキュダラの街の歌で、トルコ民謡だそうだ。思えばこの歌がトルコとの初めての出会いになる。メロディがオ

リエンタルで、他の歌謡曲とは違ったので何故か覚えている。どうしてトルコの歌が流行っていたのかは、今から考えても全くの謎だ。また、庄野真代さんが「飛んでイスタンブール」で一世を風靡したこともある。

そしてトルコに関しては、こんなこともある。1890年（明治23年）9月、オズマン帝国最初の親善訪日使節団を乗せた軍艦「エトワール号」が和歌山県串本の沖合で、台風により座礁し沈没した。その知らせを聞いた大島の島民が救助に向かい70名弱を救出した。大島島民の献身的な救助活動が、それからのトルコの人々の間で語り継がれており、この事件が日本とトルコの友好関係の原点だとされている。

しかし、その事は多分語り継がれていないだろうと思う。散策していると「あなたは日本人ですか、東京ですか、大阪ですか」と、何メートルおきかで声をかけて来る若者。その声かけのマニュアルだ。そのマニュアルには「新婚旅行ですか」というのも入っている。旅人をくすぐる術を心得たマニュアルだ。そういった若者の問いかけに、必ず「和歌山です」と答えるようにした。そうするとその反応は「あああ、ワカヤマ?」というだけで、それ以上の反応は無い。だから語り継がれているのとは、一寸ばかし「話が違う」のだ。まあ、それよりも、若者が私達をリベートの貰える店に連れて行く事が、重要な目的だからだろうから。

しかし、彼らは「どうして?」と驚くほど日本語が達者だ。決して高級で専門的な勉強をしているとは思えない。やはり、欲求と実践が一番の勉強なのだ。その声かけで、別段実害は無いが、うっとうしいことこの上ない。「大丈夫、ありがとう」と、強い口調でかわし続けなければならないからだ。もしも、何か理由を付けて断ろうものなら「何で?どうして?」と食いついて来る。

しかし、このたくましさは日本の若者も見習うべきだ。〝駄目で元々〟で、どんどん声をかけてくる。

他人の話によると、日本人はハッキリと断らないから、そして押しに弱いからしつこく声をかけてくるのだという。

それは、パリやミラノ等ヨーロッパの都市にいるスリが日本人を狙うのも同じだ。大声を出せない、意思をハッキリさせないのが日本人だと、完全に見抜かれているのだ。私は大声を出すから、集団スリでも驚いた表情をして、蜘蛛の子を散らすように逃げて行く。

そのうっとうしい客引きを除けば、相当面白く活気あふれる街だ。私が知らないだけで、実は日本の人には相当人気がある街なのだろうと思う。どこへ行っても日本人の団体ツアーや、個人旅行の人達をよく見かけた。

ややこしいものは何も無い

そもそも私はイスラム教を知らない。知っているのは、イスラム原理主義という名やテロ、そして聖戦なる言葉で、どちらかと言えば良いイメージは持っていなかった。

今回、初めてイスタンブールに降り、色々な歴史的なモスクをたずねた。とにかく驚いた。教会と言えば、有名なパリのノートルダム寺院を始め、ヨーロッパに沢山あるキリスト教の教会しか知らなかった。キリスト教の教会は、一口で言えば「威圧型」だといえるだろう。教会が支配する為に、どうすれば民衆をひざまずかせる事が出来るか、というコンセプトで作られたとしか思えない程、権威に満ちたものだ。だから、外から見ても中に入っても、強烈な違和感が身体を包む。間違っても、その場所でゆったりできる、しよう等とは思えない空間だ。

今回、初めてモスクに入った。ただただ唖然とした。もちろん、私はモスクを建造した思想も目的も知らない。だから、完全に私個人が感じた事なのだが、もしかしたら、モスクの中は外なのではないか、モスクの室内は外部よりも外部を感じるのだ。もちろん、その感覚には何の根拠も無い。圧倒的な大きさを持つ建造物なのだが、そこに宗教特有の匂いを感じられないのだ。ただただ居心地の良い空間が広がっているだけなのだ。モスクの外よりも外、という不思議な感じがするのだ。まず、それに驚いた。

イスラムの礼拝は、一日に5度行われるそうだ。つまり、沢山の人が常に、そこでお祈りを捧げている。その事だけで言えば、日本の高野山なども、多くの人が詣でる。そこは聖地には程遠く、というよりも対極にあるのではないかと思えるほど、宗教特有の匂いや空気感、そして人々の欲の塊の念があり、居心地がすこぶる悪い。日本の寺院にも、凛としたものがある寺院がないではないが、イスラムのモスク程、「ややこしいものは何も無い」という場はほんとに少ない。

ブルーモスクに入ると、そんな居心地の良さが身体を包んでくれた。時間が許すなら、何時間でもそこにいたいと感じた。という場を体感し、私達、いや、私が知っているイスラムという認識は、完全に間違っていると感じた。

ブルーモスクの中心部は、イスラムの人達がお祈りを捧げる場だから、立ち入り禁止になっている。

しかし、どこにでも馬鹿はいる。他宗教の聖なる場所に土足で踏み込む、こころない馬鹿がいた。ある種、戦争とはそうしたこころない輩が起こすのだろう、とその時に感じた。しばらくするとお祈りの時間になり、私達は退出した。お祈りが始まったら、外部スピーカーからその声が流れる。まるでモスク同士が掛け合いで歌っているようだ。その節回しは絶妙で、どこか身体が共鳴しているようだった。

8

予期せぬこと。それは環境適応能力を試されている。

アクシデント・イン・フランス

「えっ、飛行機は飛んでしまった？　そんなあほな！」

南仏のマルセイユからフランス西部の町、ブレストへの飛行機が飛んでしまったのである。午後4時50分発、でもローカルだから1時間前チェックインで充分なのだ。しかし、日本人の生真面目さから、3時には空港に着いていた。

もちろん、私一人ではない。マルセイユの主催者が、送ってくれていた。そして、マルセイユ空港で働く受講者の人まで、見送りに来てくれていた。にもかかわらず飛行機は、私を残し飛んでしまったのである。有り得ない。

空港ロビーでは、武道についての話、マルセイユでのワークショップの思い出に華が咲いていた。私は時間が迫ってくるので、気が気ではなかった。しかし、目の前にはフランス人が二人もいる。アナウンスをちゃんと確認してくれているはずだ。その信頼が間違っていたのだ。

出発まで後10数分くらいになった時、慌てて主催者がカウンターへ走った。係員との会話で何か焦っている。私のバッグを取り、一目散で手荷物検査の方に行く。係員に私のeチケットを見せ、何やら指示を受けている。また運動会の徒競走の如くダッシュで、別のカウンターに行った。私はパスポートを見せ、チェックインの印を貰う。

そうなのだ。まだチェックインをしていなかったのだ。

手荷物検査にバッグを放り込む感じだ。しかし、それは無条件で駄目なのである。ワークショップの参加者から貰ったお酒が入っているからだ。私も慌てているから、バッグの鍵が見当たらない。

「バッグはパリに持って行くよ」ということで、私は検査場を通り抜け、バッグを持たずゲートに走った。ゲートには「BLEST」と表示されていた。それを見て一安心。しかし、いくらローカルといっても、待っている人が少なすぎる。一抹の不安を覚えながらも、椅子に座ってとにかく待った。

数分後、見慣れたバッグが私の前を通り過ぎていく。

「？　何で？　ちょっと、待って、それ俺のバッグやろ」

係員は「あなたは日野さんですか」と言うので、それに答えた。係員はフランス語で何やら話す。何も分からない。係員はジェスチャーで手を上の方に上げた。「??もしかして」

飛行機は飛んでしまった後だったのである。

「人生そんなもんや。色々あるよ」青ざめた顔の主催者を慰めた。

一辺に気が抜けお腹が減ったのを思い出した。サンドイッチでお腹を騙し、一路マルセイユの街へ。しかし、面白いことに最悪な事態は重なる。いわゆる「二度あることは三度ある」の例えだ。久しぶりに、車に酔ってしまったのだ。時間的に車が渋滞している事もあり、ノロノロ進行があわや寸前というところまで酔わせた。急遽取ってくれたホテルの部屋で、服を着たままバタンキューだった。

ヨーロッパに行くと毎回予期せぬことが起こる。それもある意味で、日本ではない所に居ることを自覚させてくれる。飛行場への電車が故障をし、バスに乗り換えさせられたり、新幹線並みの特急も故障をし、列車を乗り換えさせられたりと、色々起こる。そんな事にあたふたと対処するのが面白い。いわば、環境適応能力を試されているようなものだからだ。

“うっかり”は誰しもの傍に

こんなこともある。今回ブリュッセルでうっかりしていたら、5ユーロたかられてしまったのだ。

スリや恐喝、置き引きの類は、用心しているのでまず遭遇しない。いや、まだ遭遇していない。「もしかしたら」という感じは常にあるが、自然と避けている。あるいは、遭遇しても大声で怒鳴ることで、事なきを得ている。河内弁の巻き舌に、迫力があるのだろう。

ブリュッセルでのワークショップは、いつも夜からだ。だから、昼間はタップリ時間がある。雨も上がり、日差しが出てきたので、ホテルから繁華街まで散歩をしようと外に出た。大体いつも計画性なしにうろつく。この日も、ホテルの前の道を右に行けば、あの辺りかな、という感じで歩き出した。

昨秋は、迷子になりかけたから、そのリベンジでもある。高台にあるホテルから、坂を下る。散歩は歩く練習も兼ねている。股関節がストレッチされているのを感じながら、胸骨を意識し足が自動運動するようにする。

ホテルの前の道は、相当幅広い。道路の中央が駐車場になっており、その両端にはいわゆるブランド店が軒を連ねている。その道を行くと脇道が小汚い商店街が目に入った。別段目的がないので、その道に逸れた。元々下町の細い路地が幾つもある地域で育っているので、ゴチャゴチャした所の方が落ち着くのだ。

当然、治安があまり良くない感じはする。その道をどんどん進んでいくと、路地は細くなり、両端の店舗の軒から張り出されたテントがくっつくくらいの路地になる。そこにたむろする、暇な人達がよそ者に対して怪訝そうな視線を射る。そんな緊張感が、たまらなく楽しい。

路地を抜けると、昨秋迷子になりかけた風景に突き当たった。「あっ、ここか」と一息つき、広々とした公園の空気に浸った。そんな気の抜けた時、身なりの良い、二人の若い女性が声をかけてきた。何でもハンディキャップを持った人達の支援だそうだ。そのことには、何の異存もないので、思わず5ユーロ札をポケットから出し渡した。

お札は小分けにしてポケットにいれる、という常識は守っているので、すっと出せた。すると、両替をしたいので10ユーロは有るかという。「???」となりながらも10ユーロ札を出した。その10ユーロ札を取る手つきが怪しい。「もしかしたら」と思ったので、10ユーロ札を取り戻した。

次に女性達は、寄付の最低金額は20ユーロと言い出した。

「あほか、そんな金もっていない」と言うと、二人は「ありがとう」といって去っていった。「やられた！」と一瞬おいて気付いた。身なりが良い、というのに騙されてしまったのだ。まあ、5ユーロですんで良かった。ほんとに良いタイミングで言い寄って来るものだ。生活がかかっているのだから、そういった勘は良いのだ。

そういったうっかりは、パリに住む人達にも起こる。パリでのワークショップの休憩で、車に分乗し皆で食事に出た。私達の乗る自動車を止め、レストランに入った。小1時間の食事後自動車に戻ると破られていた。窓ガラスを割られていたのである。うかつにも、自動車の主が、携帯電話を車内に置き忘れていたのだ。

主は全く慌てず警察や、携帯電話会社に電話をしていた。「置き忘れた自分が悪い」当たり前のことなのだ。もちろん、そんな車上荒らしは日本でもあるから、不思議でも何でもない。しかし、人通りの多い道路の真昼間だから恐れ入る。

そういった色々な体験をさせてくれる事が、物事を考える為に大いに役に立つ。次は4月にヨーロッパだ。

第5章

それで、どう生きるのか？

1 私は、もうすでにやっていた。

決心

何かをしようと「決心」する。あるいは、何かをしないと「決心」する。例えば、タバコをやめよう。お酒を少なくしよう。今日から日記を付けよう。武道をしよう、etc.……。

しかし、大方の場合三日坊主に終わることが多い。もちろん、私も「決心」したことがきちんと守られたことはない。タバコをやめようと何度決心したことか。その度に、「俺は最低やな」と自戒する。しかし、懲りずにまた「決心」をする。いや、してきた。

つまり、「決心」とは、究極の自虐行為なのではないかとさえ思うのだ。

何でも脳には「努力逆転の原理」なるものが働き、意識すればするほどその「決心」は揺らいでいくそうだ。であれば、どうすれば良いのか。そう「決心」は、しないことだ。よく考えてみると、その「決心」をしなければならない理由などどこにもない。

タバコをやめようとするなら、タバコを吸わないという行動を続ければよいだけであって、そこに大層な「決心」なるものはいらない。日記を書きたければ書き続ければよい。書きたくなければ書かなければ良い。しかし、ここで考えなければならないのは、書き続けるためのネタを探しているのか、ということだ。それをしなければ書き続けることなど出来るはずも無い。つまり、行動が全ての鍵であって、決心が鍵なのではないということだ。

こころで決めたからといっても、現実に出来ることなど一つもない。

道場に、小説家になりたくて、その専門学校に通っている、という女性がいた。小説家になると「決心」したのかもしれない。だから、教室に通ったのだろう。もちろん、それが悪いのではない。しかし、教室に通うのは、自分ですでに何十篇かの小説を書いている人が行くべきであって、何も書いたことのない人が行くところではない。つまり、自分ですでに小説を書いており、その中で手法なり描写法なりのヒントを掴み取りに行くのが教室なのだ。

何も書いたことのない人が教室に行き習ったところで、技術は理解できても「何を書くか」がないのだから、その習ったものを使うところがない。もちろん、習ったからといっても書けるわけでは無い。小説家になりたい人は、すでに書いているのだ。

「学校に通う暇があったら、段ボール箱三箱くらい小説を書いた方が良いよ」とアドバイスした。とにかく必要なのは行動の量であって、決心ではないのだ。全てはそういうものである。

むろん、稀に決心をすることで、何かを成す人はいる。そんな人の話を聞くと、天才なのでは、と思ってしまう。

しかし、一般的にはこの「決心」ごっこが好きだ。見方を変えれば、巷に張り出されている標語のようなものが「決心」だ。飲んだら乗るな！という標語と同じレベルなのだ。

好奇心

私は、ミュージシャンになった時、もうすでにやっていた。武道を追求してやろう、とした時、もうすでにやっていた。

これらは、何一つ「決心」したのではない。「やっていた」なのだ。

道場を10年がかりで建てた。その時も「決心」はしていない。建ったときに建っているだろう、という位のものだった。

この「やっていた」を紐解くと、すでに好奇心が働いていた、という事になるだろう。例えば、ミュージシャンという事で言えば、音に対して好奇心が働き、何らかの形で音と遊んでいる筈だ。私の場合は、見よう見真似でギターをいじくっていた。

それの蓄積が好奇心の密度というか深さになり、そういったものが働き「すでにやっている」になるのだ。ということから考えると、自分自身が好奇心を持てないものに手を出していない、ということになる。好奇心の持てないものに「決心」をし、手を出しても、それは三日坊主に終わるのが決まっているのだ。

しかし、今の若い人たちを見ていると、この好奇心も相当狭く薄い、あるいは浅いように感じる。それは単なる自分自身の自己完結レベルの興味くらいであって、その興味あるもので社会と接点をつくろう、あるいは、社会で競合していこうという野心がないのだ。

野心が技術や考え方、自分自身を成長させるのであって、それ以外のものでは総合的な成長は望めないのだ。

つまり、自分自身が他者と直接関わり、自分自身を試せるし、他者の価値を理解できる、認めることが出来るチャンスを作るのが、社会との競合であり社会との接点だということである。

私は職人さんたちの手を借りずに道場を建てた。百坪の六角形、高さは12メートル50センチある。

その道場を見て、誰でも驚くし「凄い」という言葉が出る。しかし、本当にこの道場を建てる苦労や工夫を、そして価値を理解してくれるのは、職人さん達だ。職人さんたちは、仕事で家を建てているので、何がどう難しいのか、を知っているからだ。

つまり、どんなことでも社会との接点としての体験の無い人には、他人の価値など理解できるはずも無いのだ。巷で囁かれる「受け入れる」ということなど、一切出来ないのだ。

好奇心の言葉を変えれば「好きなこと」でもよい。そのレベルが薄い。結果、その好きなことは、どんどん変わっていく。もちろん、いくら変わっても悪いことではない。ただ、ここでの変わる理由に「自分にあっていない」という言葉が出るのは間違っている。

この「自分にあっていない」の裏側にあるのは、大方が「楽しくない」「もっと伸び伸びとやりたい」という言葉が隠されていることが多いからだ。

実際、何をやっていても楽しいことは何も無い。一瞬の喜びがあるだけのもので、ずっと楽しいこと等飲み会で騒いでいる時以外には無い。しかし、世の中の風潮として「楽しいこと」が良いこと、のように思われているので、何も知らない若い人は「楽しいこと」が有るかのように、また、そうでなければならないかのように思ってしまっている間違いだ。

柔道の寝技の柏崎先生が「柔道の練習ほど面白くないものはない。その中で、どれだけ楽しいことを見つけられるか。それが上達に繋がっている」とおっしゃっていた。

「決心」をするのが間違いではない。その決心を支える行動の量を持たなければ、その決心を実現することは出来ない。行動の量は、自分自身の好奇心や野心と比例する。これが人の行動則である。

2 母は、「ありがとう」と言った。

母のこと

玄関の前にあるつつじの花が咲く頃「母の日」が来る。しかし、残念なことに私には、母の記憶はさほどない。曾祖母に育てられていたからだ。母は芸者だったので、一緒に暮らしてはいなかった。小学生の頃の記憶は、母が久しぶりに家に帰ってきた時叱られることが多かったので、母は恐かった、というくらいだ。いつか何かをして叱られ、外はどしゃぶりの雨なのに、裸足で外に放り出されたことを覚えている。今なら、虐待と言われかねない。しかし、そんな体罰は当たり前の時代だった。私は問題児だったから、よく学校から呼び出されていた。その都度母に叱られていたので、そんな記憶

が「母は恐い」になったのだろうと思う。「ええかげんに、しなさいや！」母の口癖のようになっていた。

また、百貨店の最上階の大食堂でお子様ランチを食べたり、大阪では「まむし」と呼ぶ、鰻丼を食べた嬉しい思い出も数少ないがある。鰻丼がすきなのは、そんな幼児体験かもしれない。その母は、28歳の時、その当時住んでいた家を買った。当時は何も分からなかったが、物心が付いた頃、28歳で家を買えることがどれほど大変なことかを知った。その辺りから、私の中では母はある意味でライバルだと位置づけした。「絶対に超えてやる」と決めた。

私が17歳で自分の店を開いた時、母の知人がお客さんとして沢山来てくれた。その人達から、私が子供の頃の、知らない母の姿を聞くのが楽しみだった。

また、肝っ玉も据わっていた。ある誤解から、その筋の事務所に引っ張られようとした時、母は「行っといで」と、まるで遊園地にでも遊びに行かせるような調子で、私に声をかけたのは忘れられない。丁度私が、どこかへ外出するつもりで家の外に出た時、黒塗りの車が止まり、中から人相の良くない4人組が降りてきた。「日野の家はどこや」ときつい調子で私に聞いた。「日野は俺や」と負けじと怒鳴り返した。「お前か、一寸乗れ」と指図をするので、「じゃかましい、用意するから待て」とビビリながらも、ばれないように思い切り虚勢を張り答えた。家の中に顔を向けて、母に「どうしよう」と目で合図を送った。情けない顔をしていた筈だ。その答えが「行っといで」だったのだ。私が16歳の時だった。

そんな気丈な母も64歳の時、癌で亡くなった。

久しぶりに妹から電話があったのが、母の入院の知らせだった。電話の向こうでの妹はただならぬ様子だったので、これは駄目なのかも、と覚悟した。車を飛ばし病院に着くと、医師が様子を説明してくれた。もはや手の打ちようが無い状態とのことだった。レントゲン写真を見せてもらいながら説明を聞いた。もって10日だという。医者の言葉、死、葬式、お金、誰に知らせるか、色々なことが頭を迷走し、私は混乱していた。

妹は悲惨な顔をしていた。病室に入り、母の姿を見て愕然とした。体重は30キロを切っており、土色顔色とあいまって、まるでミイラ状態だった。意識も朦朧《もうろう》としており、私の声など聞こえないようだった。個室の空きが無く大部屋だったが構わず大声を上げた。何度も呼んだが反応が無かった。そこで意を決し「おかん、もう死ぬと医者は言うてるけど、このまま死にたいのか」とさらに声を高くした。

私に付いていてくれた医者も看護婦も、その言葉に病室から出ていってしまった。病室も静まり返った。母は「死」という言葉に気付いたのか、目を開けて「まだ死にたくない」と弱々しい声で私に訴えた。「このままだったら、尿毒症を併発して苦しまずに死ねるで」私は畳み掛けた。言い終えて母の目をじっと見ていると、何か生気が戻ったように感じた。

最期の言葉

私は武道というものの根本である「死」との真正面からの向かい合いは、母や母のような末期の病気の人達から学ばせて貰ったと思っている。現代、武道での「死」は机上の空論と化している。では、どこでそれを体得すればよいのか。戦争での死でもなく、事故としての死でも、ましてや喧嘩などの死でもない死。冷静で平静で、という中にある死。私自身が、「人の死」ということについて本当に葛藤しなければ武道として全く意味がないのだ。宗教を超える葛藤でなければ意味がないのである。「神仏尊べど、頼まず」と言い切った宮本武蔵の言葉。そこにある人の生死との対峙。その意味で、冷静に受け止めなければならない死でなければならないのだ。

母はその後みるみる回復していった。医者が不思議そうにしていたが、体力が回復するにつれ手術を勧めてくれた。しかし余命10日と宣告された者にとって手術などどれほどの意味があるのか。案の定母は断り続けた。

私は母の体調を見ながら、頃合を見計らって通院に切り替えた。その時は、宣告からもう6ヶ月たっていた。母が帰宅し、顔色の良い時、私自身が母に「実は癌や。お腹一杯癌がある」と告げた。この一言は私自身も大きく成長させてくれた。正に死との対峙だったからだ。この一言で、母は折角の回復が、ショックでいきなり死ぬかもしれない。つまり、この一言は一太刀に匹敵するということである。この一言を決断するのに、どれほどの葛藤があったことか。万が一の時は、当然、私一人で背負わなければならないからだ。それが対峙だ。リスクの無い対峙など、対峙ではない。

母は奇跡的に回復し、その後やり残した仕事をこなし、会いたい人と会えた。

その時は、2週間に一度通院する、という約束で退院の許可を取っていた。どうしてそうしたのかと言えば、万が一再入院することも考えての事だったからだ。

その2週間ごとの通院の最後の日、薬が変わった。化膿止めの薬が変わっていたのだ。もちろん、それは同じ薬を続けると効き目が悪くなるからだ。しかし、私は変な胸騒ぎがした。母も薬を見て「?」という顔をしたが飲んだ。その後、お腹に痛みを訴えだしたので、救急車を呼ぶまでも無く私の車で病院へ飛んで行った。

病院側は急いで再入院の段取りを始めた。私は母に「どうする? また入院するか」と尋ねた。母は「もうええで」と小さな声で言った。私は母を抱きかかえて車に戻った。車に乗るとき、私の腕の中で母がしばらく私の目を直視して「ありがとう」と言った。それは、私の胸に直接響いた。身体が震えた。その言葉が、母の最期の言葉になった。思えば、その時母が私に向かって言った「ありがとう」が、最初で最後の私に届けた言葉、届けたかった言葉だったのだ。

しかし断っておく。「ありがとう」は感謝を表すことばではない。「ありがとう」そのものだということを。

この時の母からの贈り物「ありがとう」が〝声を届かせる〟つまり、人同士こころを響かせ届かせるという「武禅」でのカリキュラムになり、死との真正面からの向かい合いが〝正面向かい合い〟なのだ。

余命10日の宣告からまる1年生き、その間本当に生き生きと生きた母。母の人生は、この1年の為にあったのではないかとすら思う。なぜ生き生きと生きられたか。それは「死」というものと、きちんと対峙していたからにほかならない。そうすることで、より「生」が大切なものだと、そしてその一瞬を大事に過ごさなければならない、と実感出来たからだ。

20年前に亡くなった母。母が私の身体に残したものは計り知れない。「武禅」や「武道」に参加する多くの人達が、人と真正面に対峙することを覚え、そして「ありがとう」に気付いていってくれているからだ。もちろん、外国でも。

3 武道よりも日常の方が、余程肝が据わらなければならない実際が多い。

武道の〝効能〟

「肝が据わるようになりますか」「人前で上がらなくなりますか」他、色々な相談がメールや電話で寄せられる。もちろん、相談してくる方にとっては、非常に大きな問題なのだと思う。しかし、相談する前にちょっと考えて欲しい。例えば「肝が据わるようになりますか」としたら、それは自分がどんな状況に対して、どんな対処をしているのが〝肝が据わっている〟と思っているのかを明確にして欲しいのだ。

逆にいうと「武道」をすることで、どうして日常生活で〝肝が据わっている〟を獲得出来ると思えるのか、つまり、武道と日常は全く異なる世界なのだが、そこにどんな共通項があると思っているのだろうか。どうも武道に対して、幻想を持っているのではないかと思ってしまう。

もう一つ突っ込んで言うと、日常の達人になりたいのか、稽古場での達人になりたいのか、ということでもある。

それは、武道は色々な意味で役に立つ万能薬のようなものと、思い込んでいるのではないか、ということだ。もちろん、使う人によっては、あるいは使い方によっては人生の礎になる。実際に、自分の人生で役立てている方もおられる。しかしその反面、運動程度の役にしか立たせられない人の方が圧倒的多数だし、汗を流して気持ちよかった、という意味でのリフレッシュ効果にしか役立てられない人も圧倒的多数である。

当然、それが間違っているだの、悪いだのという話ではない。それぞれが、それぞれで役に立てているのだから、それが一番良いことだ。ただ、当人達は武道をやっている「つもり」だから色々な食い違いは生まれるが。

「肝が据わるようになりますか」で、もし肝が据わるような自分になりたければ、その近道は実は目の前にある。自分の現実の状況下で、その問題に真正面から取り組むようにしていけば良いだけだ。自分の現実と向かい合うこと、そして、失敗しても失敗しても諦めずに、そのことに挑戦することだ。それが、それぞれの人にとっての、一番近道である。

苦手だとか、出来ない、と思っているのは、文字通り「思っているだけ」なのだ。苦手や出来ない事を持っていない人など、どこを探してもいない。それを克服している人は、その事に諦めずに向かっていった人だけだ。しかし、そういったことを克服した人が、果たして自分が「肝が据わっている」と自覚しているのか、と言えばそうではないだろうと思う。

この「肝が据わった人になりたい」ということでの間違いは、その「肝が据わった人」という言葉を持った間違いだ。その言葉を知った間違いである。その言葉を知ったが故に、その言葉が万能薬、あるいは特効薬のように思ってしまったのだ。言葉は、あくまでも結果でしかない。何かの過程があって、その言葉が生まれているのであって、言葉が先にあるのではない。

その言葉を求めた時、その言葉になるべき過程を踏まなければならないのだ。もちろん、それを私は生きているのだが、それは私の人生だからそれで良いのだ。しかし、質問されたような人は、私のように言葉から実体を探しているのではない。単純に自分の弱点や欠点を、克服しようとしているだけである。

であれば、肝の据わった人ではなく、弱点や欠点を克服したい、で良いのだ。わざわざ遠回りをすることなどない。それこそ時間の無駄というものだ。そして、自分の弱点や欠点を補ってくれる万能薬、特効薬など、まして即席のものなど、どこにもない事を知るべきである。もしも、本当に

そんなものがあるのなら、それこそ万人が人生で苦悩することなどないはずである。それこそ武道史に「切り結ぶ太刀の下《もと》こそ地獄なれ、一足進めばそこは極楽」と歌われている。

“戦場”

話を戻すと、武道よりも日常の方が、余程肝が据わらなければならない実際が多い。例えば、何億円という取引を成功させる、もしそれが失敗すれば会社は倒産する。もちろん、それは何億ではなく、数十万円の取引でも、それが失敗すれば会社は倒産、一家離散になりかねない。等の出来事は、日常茶飯事だ。そんなプレッシャーやリスクがあるのが、日常生活であり社会生活だ。

年に二回研修に行っている特別養護老人ホームでも、入所されている人が、事故に遭われたり、何らかのアクシデントがあれば、営業停止に追い込まれる可能性がある。レストランや、食べ物商売では、食中毒などを出せば、多大な損害や迷惑をかけてしまうのだ。だから、研修ではそのことを口を酸っぱくして指導する。

と考えると、日常社会を生きぬこうとすると、相当肝が据わっていなくてはならない。それは相談される人の仰る通りだ。それを実現するには、その事での自覚と体験、そして対処法が必要だということだ。決して武道をすることで、それが養われることはないだろう。

私は日常社会を生き抜く知恵を沢山持っている。それは、人の数倍波風の立った人生を歩いて来たからだ。それこそ、実家の差し押さえから、火事等という大きな出来事、手形で店を騙し取られたり、数え上げたらきりがないくらい色々ある。その都度その都度、最良の方法を考え行動してきた。その意味で、生きること、社会生活、人間関係など恐くもなんともない。

それこそ、ホームレスをしても、どうなっても生き抜いていく力がある。だから、肝が据わっていると、他人からは見られている。しかし、それは違う。私は肝など据わってはいない。肝が据わっているのではなく、それらの失敗他の体験から、対処する術を獲得してきただけである。また、私にとって肝が据わっているという言葉や概念など、全く必要はないし興味もない。

また、そういった生きる知恵から、逆に現在の武道を眺めている。型や演武などから、本当にそれはそうなるのか？と。つまり、どれだけ窮地に立っても柔軟な思考ができるか、対処できるのかと。それが武道における目的の一つだと考えているのだ。それが、昔日の現実だからだ。

武道という現実は、日常という現実とは全く異なる。日常の現実での、様々なアクシデントは、それこそ自分自身に関わる自律神経失調から自殺、逆恨みや誤解、パニック等から犯罪に結びつく場合もある。という様々な結果を含んでいるのが日常の生活である。そういった窮地で、そのことにどう対処するのが一番かを、常に選択していかなければならないのだ。もちろん、そこには「逃げる」という選択肢もある。

そう考えると、武道という幻想は立ちどころに消えるだろう。というところから、初めて現代において、〝武道に取り組むとは〟になるのである。

4 現代に生きる私達は、基本的には強いのだ。

「まさか」は、まさかじゃない

「緊急事態宣言」が出た。いわずとしれたコロナウィルスの感染予防の為、そして医療崩壊防止の為だ。オリンピックも延期になった。面白い事に、欧米では、この日本の対策に疑問を呈している。欧米や都市封鎖に踏み切った国は、外出禁止に罰則を設け軍隊や警察が出動し、街を巡回するという、それこそ厳戒態勢並みだからだ。そんな海外の国から見ると「日本は生ぬるい」のだろう。「本気でウィルスを封じ込める気があるのか」という意見もある程だ。国の事情は、欧米のように似ている国々もあるが、日本のように欧米とは全く違う国もある。そんな事を全く理解できないのが欧米なのだ。というような事も、今回のコロナウィルス騒ぎは教えてくれた。そして、何よりもパニックになっ

※本稿に出てくる数値は2020年4月13日時点のものです。

ている、という事が理解できない。「世界は子供か？」と思ってしまった。
人生、確かに何が起こるか分からない。昨年12月には、また今年1月には、こんな事態になるとは思わなかった。緊急事態宣言が発せられるなどとは頭になかった。だから、パニックになっているのだろうが……。本当に現実として「まさか」なのだ。
しかし、よくよく考えると、「まさか」は自分自身の持っている常識観や思考の幅を外れただけの事だと分かる。それは、普通は人生の中で「まさか」は、そうそう起こらないから、誰しも自分の持つ常識観や思考を間違っているとは考えないからだ。もしも起こっていたとしても、それこそ喉元過ぎれば熱さを忘れるの如く忘れ去ってしまうものだ。その意味で、今回のコロナショックは良い材料ではある。「まさか」は起こるのだという事だ。

思い出せば、阪神淡路大震災や東日本大震災というとんでもない「まさか」があった。それらの当事者の方たちは、「まさか」そのものだっただろう。「まさか」は起こっているのだ。そして、ベルリンの壁の崩壊や、ソビエトの崩壊も「まさか」だ。まさか地図帳が変わる事など予想だにしなかった。学校でも習っていないと思ったが、実際には習っている。歴史を習うから、その時に国の移り変わりを習っている。でもそれは、学校の教室だけの出来事で、実際にという具合には実感していなかった。「まさか」との遭遇はそんなものだ。

小さく見ても、まさか家が燃えるとは、まさか交通事故にあうとは、まさか会社が倒産するとは、まさか親がガンだったとは……。と個人を見ていくと、それこそ無限に「まさか」は常に存在している。ただ、それを客観的に眺めている人にとっては、対岸の火事状態的、野次馬的「まさか」だ。きっと「そんな事も自分に降りかかるだろう」とはなっていない筈だ。

それくらい、私達は平穏な日常を過ごしているという事である。しかし、もちろん、その平穏に過ごせている事は、有難い事であり、享受している事が間違いなのではない。逆に、未だ内戦が続く国が有ったり、天災で大きな被害が出ている国もある。そんな世界の中に生きているのが私達だ。そして、今回のコロナウィルスのような病原体が無数に彷徨っているのも地球上だ。その意味では、まさに綱渡り的に生きて来れているだけなのだ。

その昔、地球上に隕石が落下したという。もし、それが今起こったとしたら、それで地球は崩壊するだろう。その可能性もゼロではない。宇宙の広さはどれほどのものかは知らないが、地球上で100億種類はあると言われているウィルス。宇宙ではそのウィルスのような地球だから、何が起こっても不思議ではない。もちろん、そんな事を日々心配してもどうにもならない。精々ノイローゼに陥るのが関の山だ。しかし、だからといって身近にある「まさか」を放置するのは間違いだ。「まさか」に巻き込まれてしまうとパニックになるからだ。

「人は強い」　そこを信じよう

「まさか」を引き起こす原因は、言うように自分の持つ常識観が崩れるからだ。その裏には、無意識の内に「目が覚めたら、今日と同じ朝が来る」と信じる以上に信じているからだ。そして、その「安定」こそが人生だし、それが揺らぐ事はないと、これまた信じる以上に刷り込んでいるからである。

しかも、それは「自分だけは」という但し書きが付く。それらはただの思い込みで、現実は常に何が起こるか分からないのだ。安定を喜ぶのは良いが、現実を直視する習慣も必要だ。それを持っていると右往左往する事など起こらない。つまり、準備が出来ている状態を常態として持つからだ。「何が起こってもおかしくない、だから」という言葉を頭に叩き込んでいれば、次の手、次の手と立ち止まらずに考え、行動できる筈だ。今回は良い教訓になったと思えば良いだけである。

それにしても、メディアのコロナ煽りは凄まじい。「どうして？」と疑う。一方、今年に入ってだけでも、国内でインフルエンザで死亡した人は3600名以上いる。コロナがこのまま治まらないとしても、この数字を越す事はないだろう、というのが、私の周りにいる感染症や疫病の専門家の意見だ。もちろん、それも分からない。「まさか」になるかもしれないが……。しかし、現時点では交通事故でさえ、年間3000人は死亡しているし、インフルエンザでも昨年の1・2・3月で約3000人程亡くなり、肺炎は毎年10万人規模で亡くなっている。「それがどうした」なのだが、数字を見ていると、メディアが煽るほどの脅威は感じないという事だ。「まさか」はメディアに対して、まさかそこまで煽るのかなのだ。

武道の要諦は「変化に対応する」事であり、咄嗟の事に対応する事だ。そして戦術を見極める事も必須の要素だ。私はそんな視点から、今回の騒動を見ている。戦術という事で考えると、今回のマスコミの煽りは見事に成功している。人というのは、かくも簡単に情報に誘導されるというか、操作されるものかと驚いている。「不安を煽る」というのは、間違いなく人を操作できるという事が実証出来ている。それは、いみじくも昔からの戦の戦術の一つだった事から考えると、人はその時代から何も変わっていないとも考えられるだろう。

ここに来て、中国企業が打撃を受けているヨーロッパの企業を買収しているそうだ。ヨーロッパの国々は、その事に危機感を募らせ防衛策を打ち出してきている。もしかしたら、これが騒ぎの本質かもしれない。

ウィルスに関しては、私達人類は数百万年前に誕生し、その誕生と同時に地球上に存在するウィルスや疫病に晒され、そこをくぐり抜けて現代という時代、今日まで生き抜いてきている。つまり、現代に生きる私達は基本的には強いのだ。

しかし、「不安」という気持ちは免疫に影響を与え、折角の強さを削いでしまう力を持っている。だから、このコロナ騒動の敵は、自分自身に生まれる「不安」である。メディアの煽りに負けず「不安」を自分の中から追い出して欲しいと願う。もちろん、楽観はいけない。「まさか」が待ち受けているかもしれないからだ。三密の回避を守り用心に越した事はない。しかし、不必要に「不安」を持つのは、コロナの思うつぼでもあるのだ。「人は強い」そこを信じよう。

5 目で見え、耳から聴こえるそのものに情熱を全てぶつけた結果、普遍的な何かになった。

どうして千年前の物が常に新しく見えるのか

「歴史を超える線を引く事が出来るのか」

何の話かというと、歴史を超える、つまり、普遍性の話だ。普遍性のある「線」はあるのか、また、自分はその線を引く事が出来るか、という話である。歴史に残る中国の白磁や青磁等の磁器や、焼き物の陶器。そこに書かれた絵付けの「線」。絵付けの、というよりも、絵付けそのものの筆運びの事だ。

つまり、千年の時を経ても「その線は古くない」。現代でも驚きを持って鑑賞できるという意味で普遍性のある線、歴史を超えた線という事だ。これは、映画研究家である私の義弟との会話の中で、彼の口から登場した言葉である。

我々の身の回りには、新しい物と古い物が混在している。何世紀も前の建造物と、最近建てられたビルのように、世界を見渡しても同じだ。新しい物は道具も含めて日進月歩で進化している。それは、科学の進歩と同調し、驚くほど進歩し続けている。戦後70数年だけでも、目まぐるしく進化している。街並みにしても、2、3年見ないと迷子になりそうになるほど、変化している。それらは材料の進歩であり、道具の進歩だ。それらが進歩するから設計家やデザイナーは、思い切った形をデザインできる。

自動車など乗り物もそうだ。1リットル数キロしか走らなかった自動車が、今ではバッテリーで動きガソリンがいらなくなっている。こういった戦後の進化は、人類史初の変化であり進化だ。

武道と関係のある戦では、石器から鉄器になり刀や弓や槍という洗練された武器を使う時代から鉄砲になった。木造の船が鉄製になり、大口径の大砲からの艦砲射撃になった。飛行機の発明が飛躍的に戦い方を変え、直ぐにミサイルや核が生まれて、それらは自国を護る抑止力としての武器に変わった。核にいたっては、世界に1400個、あるいは、それ以上あるかもしれないそうだ。地球を何回も爆発させてしまう量だ。そして、人だけを破壊する生物兵器や毒ガス等も登場している。

AIが生まれ進化し、ロボットやドローンが戦争の直接の道具になっていくのだろう。当然、それは戦争にとどまらず、我々の仕事とも共存していくのだろう。つまり、道具の進化が「戦いや仕事」そのものを変化させていっているのだ。もちろん、全ての物は、今後も科学と同調し進化し続けるのだろう。

そういった進化や進歩は、新しい物、古い物と分ける事が出来る。しかし、時間的に古い物でも先ほどの「線」の如く常に新しく感じ取れるものもある。私にとっての興味はそこだ。どうして、千年前の物が常に新しく見えるのか、どんな普遍性がそこにあるのか無いのか。そんな事に意識が働く。

古い型の自動車なのに新しく感じる。古い建物なのに新鮮に感じる。もちろん、そこに郷愁を感じてのものではなく、現在の最新のものと比較し、新鮮に感じるという事だ。その違いは何なのか？と、そんな事を感じた時に考える。もちろん、答えは出ない。相当複雑な要素があるからだろう。という疑問が「私」を解剖していくという副産物も生まれる。

古く感じるモノ　古くても常に新しいモノ

ジャズを演奏していた頃、全てが新鮮だった。それは、それ以前にベンチャーズやビートルズ、

リズムアンドブルース等をやっていたので、初めてジャズに接したからだ。初めて接するモノはどれも新鮮だ。ジャズを辞め武道に専念してからしばらくは、ジャズに限らず音楽に接するという事から遠ざかっていた。しばらくして、何気なく昔のオープンリールに収めていたジャズを聴いた。「古い、何これ？」だ。もちろん、音源そのものも古いが、全てを古く感じたのだ。逆に古さを感じさせない音楽は、クラシック音楽に尽きる。これも、どうして？と疑問が湧く。

そんな中で時代に沿った音楽に関して、その古さや「古くない」を体感させてくれたのは、故ジャニス・ジョプリンや故バディ・リッチだった。もちろん、音楽そのものは古いが、全く古さを感じさせないし、聴く度に新しいのだ。この二人のプレイヤーが、「古く感じるモノ・古くても常に新しいモノ」を考える重要なヒントになったのだ。

もう、かれこれ40年は前になるだろうか、義弟と大阪・天王寺の喫茶店で武道や映画、表現の話に熱中していた。気が付けば、コーヒー2杯で6時間も話し込んだ、その時に現れた言葉だ。「線」という事でいえば、歴史に残る壺や皿に書かれた絵も漫画の絵も線である。しかし、漫画の線で歴史を超えている線があるだろうか。無いとしたらどうして無いのだろう。そんな内容だった。もちろん、答えなどない。だから、話は飛躍出来るし深くも出来るのだ。義弟と話し込むと、何時も半日は話し込む。深くなり過ぎるからだ。そして、会話で現れた問題を、会話の中で探る、あるいは、仮説的な答えを見つけ出すからだ。だから、その分貴重な言葉が行き交った。私自身のテーマになっている、宮本武蔵や伊藤一刀斎、柳生石舟斎、直心影流等の事も、義弟との会話で見出していったものだ。

故ジャニス・ジョプリンや故バディ・リッチは、どうして「古くても常に新しく感じるのか」は、聴き込む程に心が躍るのかだ。好きだから？　いやいやそうではない。「好きだから」という通り一遍の言葉で表す事はできない。心が躍る何かが溢れているのだ。その何かには、二つの要素がある。一つは、当たり前だが溢れ出る情熱がある事。その事が歌やドラムから溢れている。そして、一つは、誰に、つまり、観客に対して歌い演奏している事だ。なんだ当たり前、普通はそうだろう、となるだろう。しかし、その普通は厳密に検証されているのか、もしそれが普通という事で検証されているなら普通とは違うというか別物だ。

それを基本に「古く感じるモノ・古くても常に新しいモノ」を考える事が出来たのだ。古くて古く感じるものは、その時代の流行を追っただけ、あるいは、単なるお金儲けの仕事として消化したもので、新鮮に感じるのは、それぞれの創作者が、自分自身の意欲が作り出すそのモノ、例えば、自動車なら形、歌なら曲そのもの、建造物ならその形、つまり、目で見え耳から聴こえるそのものに情熱を全てぶつけた結果、それぞれのモノを超えた普遍的な何かになったのだ。ここのところをもう少し言葉にしたいが、残念ながら私の言語能力では無理なのかもしれない。しかし、そこを死ぬまで足掻いてみようとも思っている。

つまり、人は真剣に何かに向き合った時、西洋の科学では解析できない何かが同時に生まれるという事だ。それだけが歴史を超えていくのだろうという結論だ。科学は進化しモノも発展進化する。しかし、同時に人も進化するのかというと、それは違う。道具や生活機器の発達で、間違いなく退化していくのだ。人の何が退化するのかというと、「生」の感覚や好奇心だ。物事を考えるという事も同じく退化していくだろう。道具が補ってくれるからだ。

そういった現実を見た時に、前に進むしかない時の流れに逆行しているのが日本だ。日本には創業１００年以上となる企業が、約２８０００社もあり、創業１０００年を超える企業は７社もある。しかし、逆行は悪いのでも間違っているのでもなく、歴史の中の礎石なのだ。

6 ストレスをものともせず、あるいはストレスを栄養として取り込み、「生」を全うする。

「自然体」とは何だ？

「自然体」という言葉は、色々なジャンルで使われている。もちろん、「武道」でも用いられている。ビジネスの世界でもしかりだ。

先日ＴＶで将棋の羽生善治さんが対談をしているのを見た。人が指す将棋とＡＩが指す将棋の違いや、そもそもどうして将棋を指すのが人でないといけないのか？等々、非常に興味深いテーマを話しておられた。最後の方で「年齢は気になりませんか？　体力の衰えとか？」という質問があった。羽生善治さんは笑われてから「最近その手の質問が増えているので、皆さん気にしておられるのかと思いました。私は気にしていませんが」というような内容を答えられ、「自然体なのですね」とインタビュアーがまとめた。

そのやり取りを見ていて閃いた。それは、私自身は「自然体」は、あまり使わない言葉だが、その言葉の本質を見つけた気がしたのだ。武道の世界ではこの「自然体」はよく使われる。ビジネスの世界でも、自己啓発関連でも使われている。しかし、それぞれの都合に合わせ意味が違っているので、その本質があるのならそれは何だろう?と、たまに頭をひねる。だから、何時の間にか私の頭には「自然体とは？」が定着してしまっていたのだ。

改めてネットの辞書などを調べると「自然体とは　1．剣道などで、両足をわずかに前後または左右に開き、無理のない形で立った姿勢。2．気負いのない、自然な態度。」（goo辞書）とある。また、一般的には「ありのままの姿」というニュアンスが多い。それら、いずれにしても何となく雰囲気は分かっても、実際のところ何の事やらさっぱり分からない。という事は、そこに言葉が無いのだから「自然体とは」を探求した学者や実践者はいない、いなかったという事だろう。あるいは、言葉化できるものではないのかもしれない。ま、それはそれで仕方が無い。

それはさておき、「自然体」が武道の世界から生まれたとしたら、それは剣道とか、それ以前の何かの試合の折、立ち会っているそれぞれの姿が、余りにも気負いなく美しく見えたから、あるいは、片側の人の姿がそうだったのだろうと想像する。

この場合の「自然体」は、〝その人〟は試合に臨んでいるのに意識や気持ちが揺らいでいない。それは、姿が乱れず静けさが見えるところから「自然な姿＝自然体」だと比喩したのだ。20年ほど前、私は著書で「自然体は不自然体」という事を書いた。それは、この「姿が乱れず、こころや意識が散っていない状態」を作り出せるようになる迄の過程の事と、一般人から見た「自然体」の中身の事を指して「不自然体」としたのだ。

「雑草」から人生を考える上でのヒントをもらう

話は一気に変わるが、私は若い頃「雑草」から人生を考える上でのヒントを相当得た。もちろん、「雑草」という草は無い。どんな草にも名前があるが、私が知らないだけだ。特に道路に植えられたイチョウや、桜の根本で逞しく生きる草から多くを学んだ。学んだのは環境と自分との関係だ。それこそ排気ガスが一杯、人も踏みつける極悪の環境でも、自分自身の生を全うする草の強さを見習おうとしたのだ。

この「環境」を、自分が好むと好まざるとに関わらず、と考えたのだ。つまり、種子が風に乗り、どこに落ちるのかは風任せ的で、その意味での自分自身の意見や思いが通らない中でも、自分の生

を全うする力を素晴らしいと思ったという事だ。

そして、たまたまどこかの幹線道路端にある、僅かな土の上で生活をする事になった。たまたま私がその「雑草」を見つけ、「自然に自然体で咲いている」と見た。つまり、自然体への経過というか過程は計り知れないし、その姿は美しく輝いているかも知れないが、その直後にはその姿は無残な最期かも知れないのだ。その意味で、「自然体」は死の直前の輝きかもしれない、とも考えられるし、そう考える方がその「自然体」の重みが増すし、自分事に近づく。

武道における「自然体」は、一つではない。その時期時期にある姿であり、修行に励む姿勢の事だからだ。つまり、最終的な「自然体」と、それを創り出す過程にある「自然体」の事だ。もちろん、その姿形はまるで異なる。しかし、内面で言えば同じなのだ。

羽生善治さんは「年齢の事を気にしていない」とおっしゃた。ここがポイントだ。「気にしていない」というのは、年齢を気にするよりも大事な事を持っているという事だ。逆に年齢の事が気になる、というのは、「年齢」つまり、時間制が人生の基準になった生き方をしている、あるいは、そこを気にして生きているという事になる。

それは6・3・3制の学校教育で培われている、という事がその基本であり、それ以降も何かを選択する時に1年で、あるいは3年で目途を立てるという考え方が定着しているからだ。会社勤めの人には定年退職という節目もある。そこへの意識から、「定年退職したら何をしようか？」という不安を持つ人もいる。何よりも、その時間制で生きる事が、同時に年齢を気にする事に直結しているのだ。その事が、自分自身の成長限界を生み出し、あるいは、その逆にそういう制限が能力を開花させたりするのだ。

時間制に縛られないというのは、羽生善治さんの場合、果てしなく深く考える事の出来る将棋があるという事と繋がっている。もちろん、果てしなく深くしているのは羽生善治さんであって、将棋そのものではない。羽生善治さんは笑いながら「将棋界の加藤・二三先生は、77歳で引退されていますから、後30年近く将棋を指さなければいけないので、それを考えると……（笑）」と話されていた。

自営業の方や職人さん達には定年が無いし、仕事や取り組んでいる事自体が自分自身そのものなので、きっと年齢を気にしている人は僅かだと思う。私自身にも定年は無いし、だからこそ武道を生業にしようと決めたのだ。もちろん、その前段階で「答えの出ないものや仕事であれば、一生それに取り組めるからそういう事をしよう」と決めていた。

もちろん、ジャズドラムから入った音楽の世界も奥が深く、何歳になっても取り組めるし、現にお年を召した音楽家は沢山おられる。私は取り組んでいたジャズの世界で「関係」という事に疑問を持ち問題にした。それが明確に分かるのは武道だからと、結果として武道の道を選んだのだ。

そういった自分自身も合わせて考えていくと、「自然体」というのは、自分自身の閃きや情熱を優先させて生きている人ではないかと考える。時間制という考え方や、色々ある世間の風潮や流行に囚われず、自分の好奇心が選び出したものに従って生きる姿。それが自然体だろう。だからこそ、気負いのない態度が表現されるのだ。

山や山に生える樹木のような自然物。それらは当たり前だが自然体である。だが、それら大自然は強烈なストレスに晒されているのだ。そのストレスをものともせず、あるいはストレスを栄養として取り込み「生」を全うしている。その上で花が咲き、木々が生い茂る。または、路上に一輪の花を咲かせている。それが現代における「自然体」だと、私は考える。

7 どの仕事も、一生懸命にやる。一生懸命にやるからこそ、様々な葛藤を味わう。

「自分らしさ」を貫く人生

道場に書留が届いた。市役所からだった。封を切ると「後期高齢者」用の保険証が入っていた。今年2月から間違いなく75歳で後期高齢者の仲間入りだ。だからどうだという事はないが……。明らかなのは先は短いという事だ。「であれば」となる。老い先に向けてラストスパートをかけるという事だ。私自身の進化もさる事ながら、道場生や周りの人に残せるものは残そうと思う。もちろん、大したものではないが、身体操作や武道の実際に対する解釈には自信がある。そこに焦点を当てて時間を過ごそう。

後期高齢者、つまり、もう75年も生きて来たという事だ。この団塊の世代の75年は、平成生まれや令和生まれの人には味わえない時代だ。敗戦し駐留する米兵の進駐軍、アメリカが直接侵入してきたTV番組や、エルビス・プレスリーのロックンロール。ベンチャーズのエレキ、ビートルズ。60年、70年安保闘争、64年東京オリンピックや70年大阪万博。日本の高度成長期をまともに並んで歩いて来た。そんな中で、戦後だから起こった船上生活者との間での、兵器工場跡にある銃弾や壊れた鉄器の奪い合いは、子供ながら生命の賭かったものだった。そこでの体験が、現在の武道研究の下地になっている。

思えば、殆どの人が通る道を通らずに、この年齢になったなと思う。現代的には「自分らしく」を貫いて人生終盤に来ている。どの時代でも同じだと思うが「自分らしさ」を貫こうとするのは難しい。生きるそのものが難しいというのもあるが、世間の風潮に流されないようにするのが難しいのだ。「自分らしさ」とは何か？と言うと、「自分の考えを貫く」であり「信条を貫く」でもある。

私は、中学3年生の時点で「皆と同じ道は歩きたくない」と思った。学校の先生も学校の勉強も嫌いだったからだ。「同じ道は歩きたくない」と思っても「どうするか」は、全くない状態だ。好きな事をやれば、なのだが、当時は好きな体操で食べていく事は出来ない。精々体育の教師になるくらいだ。教師が嫌いだったから、当然教師にもなりたくないし、教師になれる程勉強をするのは嫌だった。そんな考えを持って、よく生活できて来たと我ながら感心するし、それこそ「私を褒めてあげたい」だ。

私のような人生体験は、現代の人には出来ない。「時代だから」という条件があるからだ。

人生に無駄はない

中学生の頃、年齢を偽ってキャバレーのボーイをし、客やキャバレーで働くホステスさん、両方からチップを貰って稼ぐ事を憶えた。そのチップは、給料よりも多かった。お客さんは「きれいな姉ちゃんいるか？」とチップをくれ、ホステスさんは指名が欲しくてチップをくれるからだ。そんな大人の女性を見慣れてくると、同級生が子供に見えて相手に出来なかった。

店を終え、最終の市電に乗り、家の近くにあるお寿司屋さんで一合折を買って曾祖母のお土産にしていた。同じボーイ仲間は、当たり前だが全員年上でホステスさんを引っ掛けてヒモになるのが目的の男達だ。そんな男達に便所に呼ばれ、脅しをかけられた事もある。こちらは中学生だから恐いもの無しだ。だから一応はビビるが、本当にはビビらない。「無茶苦茶するぞ」という気持ちが内面にあるからだ。面白いもので、便所に連れ込まれた瞬間に、「何か武器になるもの」を目が探す。大したものは無いがほうきやバケツくらいはあったので、そちらの方向に場所を取る。そんな事が自動的に行える自分に育っていた。いわゆる危機管理能力というか、自分自身の安全保障だ。

学校生活は器械体操一本だから、勉強は一切しない。その生活と、夜の生活が全く違うのが面白かった。こういった、いわゆる水商売が自分の性に合っている、とその時気付いたものだ。だからこそ17歳の時に自分で店をやれたのだと思う。

本格的に水商売に足を踏み入れたのは17歳だ。この頃の記憶を辿って行くのだが、10代の頃は色々有り過ぎて完全に混乱している。確か16歳で水商売に入ったと思い込んでいたが、厳密に時間軸を辿ると計算が合わないのだ。という事で17歳という事で手を打った。

母親のお弟子さんの紹介で、一流のバーテンでありオーナーの「おやっさん」の店を紹介してもらった。そこからが本格的な水商売だ。それまでは、喫茶バーテンでフルーツの盛り合わせやコーヒーを憶えた。喫茶バーテンでは物足らなくてドライへ進む事を決めた。「ドライ」というのはお酒という意味を持っている。バーテンの見習いから始まった。

季節としては丁度今頃だった。カウンターの中に入り、糊のきいたバーコートに棒タイの蝶ネクタイ。恰好は決まるが、見習いだから水割りすら作らせて貰えない。そのカウンターの中で、足を蹴られたりボロクソに言われたりの毎日だった。そこで徹底的に、周りを見て何をすべきかを考え行動する、という「気遣い」の実際を叩きこまれた。

その春、見習いになって3、4ヶ月後、一軒の小さなBarへの手伝いをするよう指示された。気楽な感じでその店に行くと、扉は開いていたが誰もいなかった。チーフがいないのだ。仕方なく店の掃除や洋酒の瓶やタンブラー磨き等の準備をした。結局、その店のチーフは辞めて、17歳の見習いバーテンの私がチーフの代役をする事になったのだ。「いくら何でもこれは無理」とおやっさんに泣きを入れたが「やれ」の一言で電話を切られた。

そこから火の出るような毎日があったのは言うまでもない。ホステスさん10数名の点呼を取り、オードブル作りや仕入れを考えなければならなかった。カウンターに座るお客さんの相手もしなければならない。私が、会話能力に長けているのは、このバーテン時代のおかげだ。カウンターでの色々なお客さんとの会話、ホステスさんからのオーダー、料理・カクテルや注文品作りによって、武道での「意識の切り替え」も、きっとここで養われたのだ。

現在は「武道」を研究したり指導をしている。そこから見ると、大方の人は回り道だと思うかもしれない。それは、短絡的な考え方だ。もちろん、直接的にはバーテンもドラムもカレー屋も音楽スタジオもジャズ喫茶も関係がない。しかし、様々な要素を考えられるようになると、関連付けて考えられるようになるものなのだ。その意味で、人生に無駄は無い。逆に無駄なく人生を生きるなど、できるのだろうか？　もしかしたら出来るかもしれないが、それは味気ないものでは無いかと想像

する。

回り道は無い、というのは、どの仕事をやっても一生懸命にやるからだ。一生懸命にやるからこそ、そこで様々な葛藤を味わう。嫌な事も嬉しい事も含めてだ。それが自分自身の許容力を広げたり、こころを強くしていく唯一のものだ。それだけをとっても、人生に無駄は無いのだ。

8

「子育て」ではない。「人育て」だ。

何事にも動じない心の育て方

私が29歳の時に愚息が生まれた。出産が後数日に迫った時、以前から音楽を提供している劇団が初の東京公演を控えていた。「どうしようか?」と迷った。どちらが大事か?の優先順位だ。仕事か出産かだ。現代なら殆どの人は家族が大事だから、間違いなく出産を選ぶだろう。しかし、私は母から「親の死に目に会えなくても舞台に穴を空けるな」で育っている。つまり、「仕事とはなにか?」の考え方が現代とは違うのだ。その意味では「家族とは?」も現代の風潮とは当然違う。

母は芸者、現代でいう邦楽の師匠だ。だから、自分が仕事を休みたくても、そこに自分の代理等有る筈もない。そして、身近で育ててくれた曾祖母は明治14年生まれだ。日本が江戸時代を終え、明治新政府を生みだした頃に生まれたのだ。そして、日清・日露戦争、第一次・第二次大戦、その他関東大震災を始め様々な騒動の中を生き延びて来たのだ。

そういえば、南海地震も体験しているとも言っていた。その大地震の頃、丁度和歌山県の白浜温泉辺りで生活をしていたから、もろに津波の被害を受けたそうだ。海の壁が迫って来たので、山の上まで駆け上がったと聞いている。また、第二次大戦の大阪の空襲で道頓堀付近が、本当に火の海になったそうだ。川に飛び込んで逃げようとした人が大勢いたし、飛び込んで死んだ人も大勢いたという。母の結婚相手になる男性は、第二次大戦が終わっても帰って来なかった。戦死したのだ。そんな修羅場や生活体験の中で育っているので、何が起こってもビクともしない根性が育っていたという事だ。

私が10代の頃やんちゃをしていたが、そこで私に何が起こっても「ふ〜ん、そうか」だけだった。中学1年生の冬、生まれて初めて大きな喧嘩に巻き込まれた。こちらは一つ年上のやんちゃと二人、相手は別の学校のやんちゃ7人で喧嘩になった。場所は工事現場だったので、コンクリート片やレンガ他、とにかく武器になる物は散乱していた。当然の事ながら私達は袋叩きに合い、血まみれになった。一つ年上のやんちゃは、喧嘩が始まってすぐにコンクリート片で頭を殴られ気絶した。それが目の端で見えた。即座に7人全員が私に向かって来た。羽交い絞めにされ、コンクリート片で滅多打ちにされ、転んだら踏んだり蹴ったりだ。だから血まみれになった。息つく暇もなかった。その時、真っ白のセーターを着ていたので、身体の前面は真っ赤だったのを憶えている。

病院に運び込まれて処置をしてもらい、家に帰ると曾祖母が普通に「どうしたんや？」と聞くので、「階段から落ちたんや」とごまかした。曾祖母は喧嘩だと分かっていただろうが「ふ〜んそうか、気をつけや」だけだった。

そんな出来事が日常的にあった。だから、子供の私には「それが普通」なのだ。とにかく、何一つ動じない母や曾祖母に育てられたから、何もかもが大した事はないのだと思えるようになったのではないかと思う。

また、今では性差別用語だと決めつけられている「男なら・女なら」という事を、日常的に植え付けられていた。もちろん私は、その事を間違っていたとは思っていない。「お前は男の子なのだから、弱いものをいじめてはいけない」「男なら仕事をきちんとしろ」他を言われ続けて育った。これが間違っているのか？　もし間違っているとするなら、現代ではこの教えというか、自覚を促す言葉を何と言うのだ？　私は、この言葉を実体化しようと生きて来た。少なくとも10代の頃は、「男なら」を意識していた。「男だから頼まれた仕事は断れない」のだ。

私は劇団と共に上京した。妻は個室に入っていたので、心配をしていなかったのもあったからだ。

上京での公演は大成功し、無事帰阪し病院に駆け付けたら、こちらも無事に愚息を出産していた。何時だったか忘れたが愚息にその話をしたら、「そらそうやな」と笑っていた。この親にしてこの子ありだ。

「子育て」は「人育て」

私自身は、親の万分の一も苦労をしていないし、修羅場と言っても親と比べればたかがしれた体験しかない。愚息が生まれ「さて、どう育てるか」を考えるようになった。私の親のように、何があっても動じないように出来るのか？　それはその事に遭遇しなければ分からないが、出来るだけそうなるように努めようと思った。それは、子供は親に反応するので、親が動じなければ必然的に子供の気持ちも安定する。親が神経質だと、子供は気持ちが小さく育ってしまう。そんな事を、色々な親子を見る事で学んだ。

また、同時に子供の成長の早さに驚きつつ、「あかん、このままだったら負ける」と愚息に対して思ったものだ。その意味で、子供を私自身のライバルだと設定していた時期がある。だから、ドラムの練習や武道の探求への集中も増したものだ。

それから、私の親と私とでは育った環境も体験も何もかもが違う。もちろん、私と愚息とでも同じように育った環境が違う。つまり、その世代世代で価値観が全く異なるし、環境も全く異なる。そんな中で、愚息をどう育てるか？ 愚息にとって何が一番大事なのか？ さらには、社会で生きて行くには何が大事か、そんな事を考えたのだ。

私自身は、その意味で親から命令された事はない。叱られた事はあるが数える程だ。とにかく自由に育った。社会性や行儀といった、何もかもを社会体験の中で学んでいった。だから、社会体験で学べるようにすれば良い事は分かっていた。私は勉強が嫌いだった。というよりも、まるで興味が無かったので何一つ分からなかったというのが本当のところだ。「ここはどうする？」もちろん、私と愚息とは違うから、任せるしかない。しかし、子供を育てるにあたっての一番大事な事は「子供は独立した存在」だという事。つまり、親の私物ではなく、愛玩物でも無く、一個の人格を持った人間である。そして、いずれ家を出て独立していくものだ。そこから考えると、「子育て」ではなく「人育て」だ。どんな大人になれるのか？ どんな社会貢献の出来る人になれるのか？

愚息は偶然和太鼓奏者に育った。そして、世界中の貧困や劣悪な状況に置かれている子供達を、和太鼓で笑顔にしたいという。それでブラジルやチリに行き、その笑顔をもたらしている。今年はフィリピンの子供達に届けに行くという。その資金は、自分の演奏で稼いだお金だ。縁あってKinKi

Kids の堂本光一さんの舞台に10年程出ている。そのギャラや太鼓教室が資金源だ。そんな愚息に育つとは夢にも思わなかった。

子育て、人育てとはそういうもので、誰かが敷くレールを走る電車ではないのだ。どのレールを通っても通用する、社会性や人間関係に役立つ事を身に付けさせた事が良かったと思っている。

著者 ◎ 日野 晃 ひの あきら

1948 年大阪生まれ。中学時代は器械体操で東京五輪の強化選手に選ばれる。ジャズ・ドラマーとしてショービジネスの世界で活躍しつつ、同時に追究していた武道に開眼し、独自の武術研究から老いても衰えない真の強さを追究。コンテンポラリー・ダンス界の巨匠、ウィリアム・フォーサイス氏に招かれてのワークショップなど、独自の武道理論はアスリートやダンサーからも注目されている。
著書に『武術革命』『武学入門』『考えるな、体にきけ！』（BAB ジャパン）、『ウィリアム・フォーサイス、武道家・日野晃に出会う』（白水社）他多数。

装幀：谷中英之
本文デザイン：中島啓子

日野晃 武道語録
人生の達人になる！

2024 年 5 月 10 日　初版第 1 刷発行

著　　者　日野 晃
発 行 者　東口 敏郎
発 行 所　株式会社ＢＡＢジャパン
〒 151-0073 東京都渋谷区笹塚 1-30-11 ４・５F
TEL　03-3469-0135　　FAX　03-3469-0162
URL　http://www.bab.co.jp/
E-mail　shop@bab.co.jp
郵便振替 00140-7-116767
印刷・製本　中央精版印刷株式会社

ISBN978-4-8142-0614-8　C2077

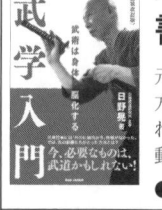

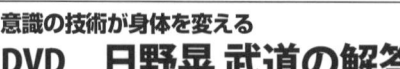

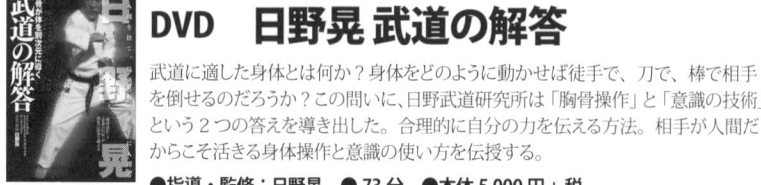

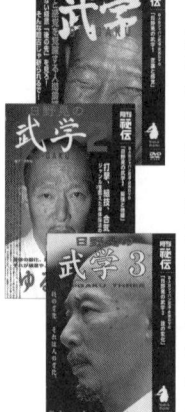

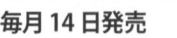

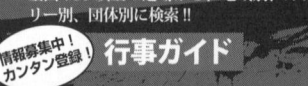

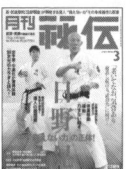

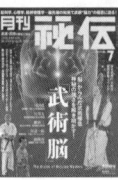

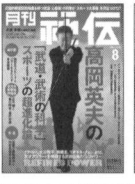

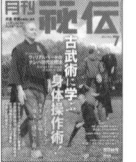